U0115975

地域文化研究叢書·嶺南文化叢刊

古代廣東史地考論

下冊

顏廣文　著

目次

上冊

下冊

第三編
歷史人物

余靖的旅遊觀

余靖喜歡旅遊，他的足跡踏遍了大江南北，長城內外。他尤其鍾情於家鄉的山山水水，家鄉的名山大川、小橋古井都可以讓他留連駐足，吟詩作文，讚歎不已。余靖為什麼喜歡旅遊？余靖的旅遊有什麼個性？余靖的旅遊觀又是怎樣的呢？似乎前人對此從沒進行過認真探討，筆者在此略予考察。

一　余靖的旅遊重在欣賞大自然景色

余靖旅遊，並不專在於名山大川、名勝古跡，而是喜歡探險，喜歡到前人未曾涉足的地方，這是余靖旅遊觀的一大特色。余靖在〈遊大峒山詩〉小序中說：「予嘗恨遊觀山川，皆前賢所稱，圖籍所著者耳，未能索幽訪異與音馬跡之外，得古人所遺絕境，一寓其目，狀其名物，與好事者傳之無窮也。」余靖遊大峒山時正是此心情。當時，余靖已年五十有餘，賦閒在家，與好友王子元遍數韶州名勝，「韶之境富於山水，而佛刹占勝相望於野，其名聲洽於四方者無幾」，最後，與王子元「擷其遺概，得大峒焉」。於是，余靖決定前往探勝。余靖一行，先是在韶州上船，順流而下七十餘里，到月華山腳上岸，然後「道樵徑，又十五里乃至是山」。在這人跡罕至的地方，余靖看到未經人工雕琢的大自然純真景色，高興極了，欣然提筆，寫下了

〈遊大峒山詩〉及序。序云:「隨方下睨,晦明異壑。則隨邱垤眾山,蚊虻聚落,不足論其高也。相與拂幽石,翳修林,澗聲泠泠,清入毛骨。真可遺世而絕俗,豈獨攄擾賞異而已耶」。余靖說,在這大自然中,不僅僅是追尋新奇刺激,不僅能去除日常的憂慮,而且是一種超群脫俗的享受。在這獨特的環境中,余靖寫下了他一生中較為優秀的旅遊詩。詩云:「十里松檜風,萬仞陡峭壁;陽崖雷自奔,陰壑雪猶積;勢爭衡霍雄,地控楚越扼;胡為千載間,名未光圖籍?物乃因人彰,聞人於在昔;不逢巢許高,箕山亦頑碧;我今共遊覽,逍遙非俗格;劇論窮古今,玄談叩虛寂;攀蘿躡孤峰,和雲坐幽石;濯纓清泠泉,留為不朽跡。」[1]詩中將「攀蘿躡孤峰,和雲坐幽石」的情景,描寫得極其優美。更令人叫絕的是「我今共遊覽,逍遙非俗格」一句,此言為喜愛旅遊的人士申辯。用今天的語言來說,余靖是在大聲疾呼:旅遊不是虛度光陰,旅遊也不是追逐潮流,而是一種身心的享受。按余靖說,大峒山的美景是他們首先發現的。「自漢武帝元鼎六年庚午歲,始平越為郡縣,凡一千零七十年,始為什方院。又二祀,康定元年庚辰歲,始有衣冠遊者。豈天作地藏,有所待哉?」[2]此後,大峒山也就成為韶州一大遊覽勝地。

筆者翻閱了余靖所有的遊賞詩文,發現余靖不僅喜愛名山大川,而且優美的自然小景也往往使他詩興大發。余靖在外為官,官衙附近有一連理松,余靖觸景而作〈雙松〉一詩。詩云:「自古詠連理,多為陽豔吟;誰知抱高節,生處亦同心;風至應交響,禽棲得并陰;歲寒當共守,霜雪莫相侵。」[3]又如,余靖曾於江邊看見漁翁垂釣,又

1 余靖:《武溪集》卷一〈遊大峒山詩〉,明成化九年刻本。下引該書同此版本,不再另注。

2 余靖:《武溪集》卷一〈遊大峒山詩〉。

3 余靖:《武溪集》卷一〈雙松〉。

寫下〈觀釣〉一詩。詩云：「趨塵寒浦波，桂子秋空月；煙濕釣綸輕，雨濺苔磯滑；健鯉吞香鉤，錦文紅；將為沸鼎遊，勢窮猶照沫。」詩中把垂釣的環境，魚兒上鉤後的掙扎寫得活生生的。最後，余靖感於自己屢遭排斥的身世，感歎說：「胡為貪一餌，委身刀機上？寄言洗耳翁，逃名真可尚。」[4]怎樣才能「逃名」呢？旅遊自然不失為一種好辦法。

二 余靖把旅遊當做對緊張工作的調節

余靖本人是勤於政務的，他也要求別人勤於政務。為此，他曾作《從政六箴》，有「清箴」、「公箴」、「勤箴」、「明箴」、「和箴」、「慎箴」。其中，「勤箴」就是勸諭別人要勤政愛民，云：「爵以昭德，官惟擇賢。怠則廢職，勤則政宣。恪恭修德，厥德乃全。俯仰勵志，其志乃專。譬如農功，日夜先焉。」[5]但勤政並不意味著一天到晚地幹活，而是要勞逸結合，可於政務之餘，多去旅遊。余靖在〈游韶石〉詩中說：「世務常喧囂，物外有真賞；結友探勝概，放情諧素想。」余靖登上韶石，也真的「放情諧素想」，詩中所及，天上人間，古往今來，大江南北，俱為精妙詞章。詩太長，這裏僅摘幾句，如云：「雙闕倚天秀，一徑尋雲上；長江遠縈帶，眾巒疑負繈；千里眇平視，萬形羅怪象；日影避崑崙，鼇頭冠方丈；青螺佛髻高，群玉仙都敞。」詩末說「茲游得幽深，同懷樂清曠」，「躋之佐衡霍，無慚公侯享。」[6]韶石山在衡山和霍山之間，余靖說生於斯，長於斯，不得志時能游於斯，當不當公侯倒是無所謂了。

4 余靖：《武溪集》卷一〈觀釣〉。

5 余靖：《武溪集》卷十八〈從政六箴〉。

6 余靖：《武溪集》卷一〈游韶石〉。

余靖盛讚當時韶州太守杜挺之懂得勞逸結合，行政與旅遊兩不誤。宋代韶州湞水旁有一泉水，「泉出石罅，大若濤湧，細如鼎沸，久旱不竭，經冬常滿。南方瘴暑，酷如炎焚，暫息泉上，寒悚毛骨」。泉當驛道旁，南來北往的官商皆於此憩息。杜挺之「募金伐材，構亭泉心，貫之飛梁，虹橫波際。翼以堂室，備賓遊之憩。外營碓磑，為民事之觀」。亭舍建好後，杜挺之閒來便相約好友嘉賓來遊玩，「吟酌永日」，「以滌煩慮」。余靖遊玩之後，也作〈湧泉亭記〉，中有云：「韶處嶺阨，雜產五金，四方之民，聚而遊手，牒訴紛拏，稱倍他郡。挺之以誠應物，庭無留事，日自適於山水間，乃知為政自有體也。斯游斯景，書之其無愧。」史載，杜挺之任韶州太守，秉公行政，數年後大治，「獄無冤私，賦役以時，事舉條領，民用休息」。而杜挺之也將韶州「近郊勝概，亡不周覽」[7]。

余靖在外為官數十年，屢經陞遷，他自己也是做到為官旅遊兩不誤。查《武溪集》得知，余靖知潭州時，曾遊覽嶽麓，作〈題憩賢亭〉詩；任宣州司理參軍，游青林庵，作〈贈青林庵主〉詩；徵儂智高，經廣西藤縣，作〈留題龍潭〉詩；赴任泰州，經都陽湖口，作〈松門守風〉詩；經南昌時，游應聖宮，作〈游應聖宮〉詩；在吉州時，遊覽了廬山，作〈江州廬山重修崇禪院記〉……總之，余靖在哪裏為官，便與當地的山水名勝結下不解之緣，囿於篇幅，在此不再一一列舉。

三　余靖把旅遊當做洗滌煩惱陶冶情操的方式

余靖一生，文武兼備，有匡扶社稷、造福黎民之心，但卻仕途不

7　余靖：《武溪集》卷五〈湧泉亭記〉。

暢。早年曾捲入「慶曆黨議」，被逐出京城，降職處分。出使遼國，較好地完成了使節任務後，卻又被人攻擊為「講蕃話，作蕃詩，有失上國使者身份」，被貶往吉州。於是，余靖便以父老需要侍養為由，返歸故里。此後的六年間，余靖便天天與山村為伴，暢遊了廣東的山山水水。從余靖的遊覽詩文提供的線索可以得知，他曾遊歷了潮州、惠州、循州、廣州、端州、雷州、英州、南雄州等地，至於韶州附近的名勝山野，更是遍覽無遺了。此際余靖的遊覽詩文也進入精妙時期。周源〈武溪集序〉中說：「屏居曲江凡六年，遊山水，益自肆於文學。」《四庫全書總目提要‧武溪集提要》則說：「狄青討平儂智高，靖磨崖作記，以雄武功，當時咸重其文。嘗奉命使遼，作《契丹官儀》一篇，頗可與史傳參證。他如《論史》、《序潮》諸作，亦多斐然可觀。以方駕歐、梅，固為不足，要於北宋諸人之中，固亦自成一隊也。」

　　余靖在這些遊覽詩文中，往往流露出只有在遊玩的旅程中，才可以盡洗心中的不快往事。余靖在〈韶亭記〉中說：「賢人君子樂乎佳山秀水者，蓋將寓閒曠之目，托高遠之思，滌蕩煩紾，開納和粹。故遠則攀蘿拂雲，以躋乎杳冥；近則築土飭材，以寄乎觀望。」[8]按余靖的話說，每當爬上頂峰，極目遠眺，也就什麼煩惱都沒有了。韶州翁源縣淨源山上有一佛寺名「耽石院」，居深山之中，遊人須「攀蘿躡蠶，棧險梁深」才能到達，耽石院以院中有一巨石得名，院周圍「山川鬱，杳絕紛罳，泉石幽奇，足以耽玩」。余靖遂作〈韶州翁源縣淨源山耽石院記〉。記云：「巨石如屏，泉淙於下，可以爽精靈，可以滌塵慮，命名之始，其在茲乎，就崖礱琢，傳之不朽。」[9]宋代宰相陳堯佐曾因忤旨，被貶潮州，途徑廣東羅浮山，率眾登山並留詩。

8　余靖：《武溪集》卷五〈韶亭記〉。
9　余靖：《武溪集》卷七〈韶州翁源縣淨源山耽石院記〉。

余靖後至，曾作〈宮師陳相公留題羅浮山詩序〉，盛讚陳堯佐能淡泊名利：「觀夫大君子之存誠也，卷道而遠跡，不羞於窮；遭時而調元，不謂之泰。所以託言寄意，安於適而已矣。故其解相印如脫屐，豈不素樂於閒曠哉？」進而，余靖又將羅浮山與眾名山比較：「彼嵩少、終南、中條、太華，枕乎名利之場，故吟詠者日爭咀嚼含嗽以買名聲。而茲山磅礴海上，寂寥千載，自非安恬愉樂幽靜者，孰肯於名外摛為不世之觀乎？」[10]可以看出，若非余靖能以旅遊來調節情緒，是很難經受得住幾起幾落的政治磨難的。

余靖還在旅遊當中吮取先賢的精神素養，鼓勵自己為國為民鞠躬盡瘁。宋代蔡抗、蔡挺兄弟，曾同時在廣東與江西為官，蔡抗任廣東轉運使，蔡挺任江西提刑，兄弟二人協力重修大庾嶺道，拓路植松，商旅得便。後來，余靖途經庾嶺，作〈題庾嶺三亭詩〉三首，表達了要向蔡氏兄弟學習的決心。詩云：「山巔層構與雲平，賢者新題叱馭名；為要澄清歸治道，不辭艱險表忠誠；南枝初見梅林秀，九折遙思劍棧橫；若使當時嫌遠官，海隅何得有歡聲。」宋代名臣龐籍，曾以觀文殿大學士知青州，任內民有惠政，軍民咸服，後徙定州。余靖接繼龐籍知青州，適逢青州南河紅牡丹盛開，余靖賞花之餘，也表示要向龐籍學習。余靖作〈靖啟伏蒙觀文相公以靖忝承善政特寄嘉篇謹依嚴韻和酬〉。詩云：「幸奉前規盡所懷，閒身吏隱裕春臺；山回翠幌憑欄見，花簇紅房繞郭開；愛樹細民思美化，續貂孤跡愧非才；南河舊事依然在，禊飲杯盤恥盡罍。」

余靖旅遊，還喜歡呼朋引伴一起遊玩。有一次，他提前一年便與樂昌縣令黃子京、樂昌縣尉唐某、進士譚某相約，準備一同前往樂昌縣泐溪石室遊玩。此程來回山路「崎嶇百里」，但爬了大山，探了幽

---

10 余靖：《武溪集》卷三〈宮師陳相公留題羅浮山詩序〉。

洞，又在泐溪石室見到陸羽題名、六祖石床，又有三五知己同行，余
靖便認為是人生一大樂事。高興之餘，又作〈同遊泐溪石室記〉。記
云：「人之跂高慕遠樂在林壑者，厭遊不得其勝，則無所記焉；地之
蘊靈蓄秀於方域者，所賞不遇其人，則無所發焉。遊賞之會，其難乎
哉？」從記中可見，余靖對這次遊玩是非常滿意的。

　　與余靖志同道合的遊玩好友有惠林、靈樹、邵思、龍光、慈濟、
王子元、李訪、李仲求、黃子元、孫抗、許申等人。這當中有僧人、
官宦，也有士紳、布衣。可見，余靖挑選遊玩好友並不拘於官宦，而
是志趣相投即可成行。在所有旅遊好友中，尤以王子元最為知交。王
子元，名陶，曲江人。〔光緒〕《韶州府志》卷三十二載，王子元父親
曾為余靖鄉師，王子元與余靖為同學，比余靖晚一榜登第，此後歷仕
上饒從事、東京提刑、度支郎中。王子元亦有詩名，《武溪集》中與
王子元和詩有〈和王子元過大庾嶺〉、〈和王子元中秋會飲〉、〈和王子
元同歸曲江有感〉、〈和王子元重陽日千善寺會飲〉等。余靖寫得較漂
亮的遊玩詩文，如〈遊大峒山〉詩就是在與王子元和唱中產生的。

四　余靖還把旅遊視為增長知識的機會

　　余靖每到一處，都留心當地的地理環境，風土人情。余靖曾「東
至海門，南至武山，旦夕候潮之進退，弦望視潮之消息」，仔細觀察
東海與南海的海潮變化規律，作〈海潮圖序〉。序中有云：「潮之漲
退，海非增減。蓋月之所臨，則水往從之，日月右轉，而天左旋，一
日一周，臨於四極。故月臨卯酉，則水漲乎其西；月臨子午，則潮平
乎南北。彼揭此盈，往來不絕，皆繫於月，不繫於日。」[11]余靖的發

---

11 余靖：《武溪集》卷三〈海潮圖序〉。

現，符合潮水漲退的規律，被歷代治潮者奉為圭臬。

余靖曾三次出使遼國，在出使期間，他主動接觸遼國人民，學習他們的語言、禮節、歷史。回到宋朝，他依據實地考察寫成《慶曆正旦國使語錄》一卷和《契丹官儀》。《契丹官儀》載於《武溪集》中，至今仍是研究遼國歷史的極其珍貴的史料。余靖還會用遼語寫詩，劉攽《中山詩話》中即存有余靖所作遼語詩〈胡語詩〉一首。詩云：「夜宴設邏臣拜洗，兩朝厥荷情感勤；微臣雅魯祝若統，聖壽鐵擺俱可忒。」[12]余靖〈胡語詩〉的被發現殊為珍貴。

余靖在旅遊的過程中，還特別注意到交通路線的變化對社會經濟產生的巨大影響。宋代皇祐年間韶州太守常九思新建望京樓，余靖遊玩望京樓後，寫下了〈韶州新修望京樓記〉，盛讚其構造之精巧，如云：「簷廡環合，凡二十楹。其形勝之遊，目觀之美，甲於邦域。」但余靖筆鋒一轉，卻談起瞭望京樓為什麼會修於湞水上，又云：「廣之旁郡一十五，韶最大。在楚為邊邑，在越為交衢。治城居武水東，湞水西。境壓騎田、大庾二嶺。故地最善，而名著均之。遠官得名城暨善地，故其擇守等夷，閱人最賢。唐、漢之西都也，由湘衡而得騎田，故武水最要。今天子都大樑，浮江、淮而得大庾，故湞水最便。騎田雖乘驛舊途，而王官往來太平水道，是以風亭、水館、高臺、上舍徙在湞水，不視溪山巧拙，而偏衿左臂者，勢使之然耳。」[13]余靖在另一篇遊記〈韶州湞水館記〉中也談到宋代廣東交通概況及演化。「凡廣東、西之通道有三。出零陵下漓水者，由桂州；出豫章下湞水者，由韶州；出桂陽下武水者，亦由韶州。無慮之官嶠南，自京都源汴絕淮，由堰道入漕渠，溯大江，度梅嶺，下湞水，至南海之東、西

---

12 余靖：〈胡語詩〉收錄於《武溪集》卷二。此詩為韶關學院黃志輝先生發現並補入《武溪集校箋》中（天津：天津古籍出版社，2000年），頁100。

13 余靖：《武溪集》卷五〈韶州新修望京樓記〉。

江者，惟嶺道九十里為馬上之役，餘皆篙工楫人之勞，全家坐而致萬里。故之嶠南雖三道，下湞水者十七八焉。劉氏之自王也，割韶之壤置英、雄二州，壤雖減而道如故。韶於嶺外為劇郡，宜矣。」[14]余靖於遊玩之中仍不忘軍國大事，寄情於山水而不沉溺於山水，因為他畢竟仍是憂國憂民的士大夫。

余靖的旅遊思想還遠不止於此，只是因筆者筆拙不能很好地表述。但僅就以上列舉的幾點，已足可以看到，生活在距今千年之遙的余靖，能有這樣的旅遊見識真不簡單。我們的祖國幅員遼闊，山河壯麗，人傑地靈，歷代優秀的旅行家無數，他們的旅遊思想也很值得我們去研究。

《明史》立傳的粵籍官員

在中國封建社會的「正史」中，列傳人物的選取雖不一定完全恰當，但我們還是可以這樣認為：能入選其中，基本上反映了該人物在該時期佔有一定的歷史地位；尤其是從總體來考察，一個地區的官員能在一部正史中佔有多少名額，就更能反映該地區在該朝代的政治活動中所佔有的地位，並且是衡量該地區發展程度的一個很重要的綜合性標誌。明代以前，能在正史中立傳的粵籍官員是極少的，地位較顯著的不外有唐代的張九齡，宋代的余靖、崔與之等寥寥數人。但是翻開《明史》，我們卻發現立傳的粵籍官員人數驟然增多，政績也十分顯赫。因此，勾勒出他們的地域分佈、官職，以及分析人數增多的原因，考察他們的作用和地位，應當是我們研究廣東發展史中的一個重要的課題。

---

14 余靖：《武溪集》卷五〈韶州湞水館記〉。

一　粵籍官員的地域分佈及官職

先將《明史》立傳的粵籍官員按卷數順序詳列如下：

何真，東莞，洪武浙江布政使（《明史》卷一百三十，此段所引均為《明史》，下僅注卷數）。王度，歸善，建文監察御史（卷一百四十一）。陳思賢，茂名，洪武漳州教授（卷一百四十三）。彭誼，東莞，成化右副都御史（卷一百五十九）。周新，南海，永樂浙江按察使（卷一百六十一）。陳諤，番禺，永樂湖廣按察使（卷一百六十二）。葉禎，高要，天順廣西參議（卷一百六十五）。張祐，廣州，正德廣西都督僉事（卷一百六十六）。羅亨信，東莞，景泰左副都御史（卷一百七十二）。吳一貫，海陽，正德江西按察使（卷一百八十）。丘濬，瓊山，弘治文淵閣大學士（卷一百八十一）。張津，博羅，正德戶部右侍郎（卷一百八十六）。張泰，順德，正德工部右侍郎（卷一百八十六）。梁儲，順德，正德內閣首輔（卷一百九十）。張濂，順德，正德禮部員外郎（卷一百九十二）。方獻夫，南海，嘉靖內閣首輔（卷一百九十六）。霍韜，南海，嘉靖禮部尚書（卷一百九十七）。霍與瑕，南海，嘉靖廣西僉事（卷一百九十七）。翁萬達，揭陽，嘉靖兵部尚書（卷一百九十八）。王縝，東莞，嘉靖南京戶部尚書（卷二百零一）。譚大初，始興，隆慶南京戶部尚書（卷二百零一）。唐胄，瓊山，嘉靖戶部左侍郎（卷二百零三）。薛侃，揭陽，隆慶御史（卷二百零七）。羅虞臣，順德，嘉靖吏部主事（卷二百零七）。黎貫，從化，正德御史（卷二百零八）。薛宗鎧，揭陽，嘉靖戶科左給事中（卷二百零九）。何維柏，南海，萬曆南京禮部尚書（卷二百一十）。岑用賓，順德，嘉靖紹興知府（卷二百一十五）。陳吾德，歸善，萬曆湖廣僉事（卷二百一十五）。海瑞，瓊山，隆慶左、右通政（卷二百二十六）。龐尚鵬，南海，萬曆左副都御史（卷二百二十

七)。葉夢熊,歸善,萬曆右副都御史(卷二百二十八)。葉春及,歸善,萬曆戶部郎中(卷二十二十九)。王學曾,南海,萬曆南京御史(卷二百三十三)。郭尚賓,南海,崇禎兵部右侍郎(卷二百四十二)。李希孔,三水,天啟南京御史(卷二百四十六)。陳璘,翁源,萬曆左都督(卷二百四十七)。吳廣,翁源,萬曆四川總兵(卷二百四十七)。何吾騶,香山,崇禎文淵閣大學士(卷二百五十三)。黃士俊,順德,崇禎東閣大學士(卷二百五十三)。袁崇煥,東莞,崇禎兵部尚書督師遼東(卷二百五十九)。陳子壯,南海,永明王東閣大學士(卷二百七十八)。麥而炫,高明,隆武御史(卷二百七十八)。朱實蓮,南海,崇禎兵部主事(卷二百七十八)。霍子衡,南海,崇禎袁州知府(卷二百七十八)。張家玉,東莞,永明王兵部尚書(卷二百七十八)。陳象明,東莞,崇禎戶部主事(卷二百七十八)。陳邦彥,順德,唐王兵部主事(卷二百七十八)。蘇觀生,東莞,唐王東閣大學士(卷二百七十八)。廖翰標,東莞,崇禎江西新城知縣(卷二百七十八)。李如月,東莞,永明王御史(卷二百七十九)。翟溥福,東莞,正統南康知府(卷二百八十一)。龐嵩,南海,嘉靖雲南曲靖知府(卷二百八十一)。陳獻章,新會,正統翰林院檢討(卷二百八十二)。唐伯元,澄海,萬曆吏部郎中(卷二百八十二)。張詡,南海,成化戶部主事(卷二百八十三)。湛若水,增城,嘉靖南京吏、禮、兵部尚書(卷二百八十三)。孫,順德,洪武蘇州經歷(卷二百八十五)。王佐,南海,洪武給事中(卷二百八十五)。趙介,番禺,永樂贈監察御史(卷二百八十五)。李德,番禺,洪武洛陽典史(卷二百八十五)。黃哲,番禺,洪武歷仕州郡(卷二百八十五)。黃佐,香山,嘉靖吏部左侍郎(卷二百八十七)。歐大任,順德,南京工部郎中(卷二百八十七)。黎民表,從化,嘉靖內閣中書(卷二百八十七)。黎弘業,順德,崇禎和州知州(卷二百九十二)。鄺日廣,番

禺，崇禎襄陽推官（卷二百九十二）。劉士斗，南海，崇禎建昌兵備
僉事（卷二百九十五）。夢環，順德，天啟太僕寺卿（卷三百零六）。

由上統計，《明史》立傳的粵籍官員共六十九人。其中，官至內
閣首輔者二人，內閣大學士五人，中央六部、都察院、大理寺、通政
司等「九卿衙門」正副職官員二十人（含南京），「三司」方面大吏五
人；明朝科道監察官品位雖低，但職權甚重，陞遷甚速，當為要職，
官至科道官十一人。武官方面，官至左都督一人。可見，曾任高官要
職者達四十四人，約占立傳總人數的百分之六十。從地域分佈上看，
南海十五人，東莞、順德各十一人，番禺五人，歸善四人，瓊山、揭
陽各三人，翁源、從化、香山各二人，廣州、增城、三水、新會、博
羅、高明、高要、茂名、始興、海陽、澄海各一人。按今天的行政區
域及經濟區概念來看，人才最集中的是珠江三角洲地區，占百分之七
十左右。人才相對集中的地區還有粵東的揭陽、海陸豐、惠陽等地區
和海南的海口附近。而粵北、粵西、興梅、潮州等地區能在《明史》
中立傳的人數則甚少。可見，立傳官員的地域分佈是極不平衡的。

二 明代粵籍官員崛起的原因

首先，明代粵籍官員的崛起與中國古代中原人民不斷南遷，特別
是宋元交替之際的大規模移民有直接關係，如海瑞，始祖海俅南宋時
官任指揮，由福建遷來廣東，隸籍番禺。海瑞高祖答兒，明洪武十六
年（1383 年）從軍海南，遂占籍瓊山。又如陳獻章，原籍河南永
城，祖先曾有在宋為官者，後從南雄遷居新會，遂為新會人。[15]再如

---

15 丁寶蘭主編：《嶺南歷代思想家評傳》（廣州市：廣東人民出版社，1985年），頁96、
120。

《明史》卷二百八十五〈孫傳附王佐〉記載，洪武朝之王佐，「先河東人，元末侍父官南雄，經亂不能歸，遂占籍南海」。明末清初廣東著名學者屈大均於《廣東新語》卷二〈珠璣巷〉中說：「吾廣故家望族，其先多從南雄珠璣巷而來。蓋祥符有珠璣巷，宋南渡時，諸朝臣從駕入嶺，至止南雄，不忘枌榆所自，亦號其地為珠璣巷。」廣東有著優越的自然條件，這些移民經過元代近百年的休養生息，到了明代進入迅速恢復發展時期，再兼之南遷的中原人民本來就具有較高的文化素養和從政意識，故廣東從明代肇建之始就有較多的名臣出現，其立傳的人數也就驟增。

其次，明代粵籍官員的崛起與明代廣東經濟迅速發展和有強大的經濟實力作支撐也有密切關係。《明史》中立傳的粵籍官員半數以上是通過科舉考試取得入仕資格的。不難想像，如果沒有較雄厚的經濟實力是難以讓大批知識分子脫離生產勞動去皓首窮經、參加經年累月的科舉考試的。事實上，明代廣東經濟已經有了長足的發展，到了明中後期，廣東經濟已躍居全國先進行列。值得我們注意的問題是：《明史》中立傳的粵籍官員的地域分佈，恰恰與當時廣東經濟區域發展程度高下的順序相吻合。唐宋時期，粵北地處交通要道，中原人民南遷首先到達這裏，故曲江出了張九齡、余靖等名臣。明代廣東經濟的重點已集中在珠江三角洲一帶，南遷移民亦已深深紮根在這一帶，故明代珠江三角洲則是粵籍名臣最集中的地區。瓊山是海南島最先進的地區，歸善、海陸豐、揭陽是粵東經濟較發達的地區，所以出的人才也相對較多。這絕不是偶然的現象，而是經濟發展必然推動文化發展的自然規律的證明。

明代粵籍名臣的驟增還與廣東文化教育的逐漸昌盛、廣東士人比較重視教育事業有關。著名明清史專家謝國楨曾說：「（明代）廣東地

方雖然僻遠，但文化極為倡明。」[16]明中期廣東出了陳獻章和湛若水兩位全國著名的思想家、教育家。陳獻章數十年居鄉從教，有教無類，學生來自五湖四海，有達官貴人，成名學者，也有平民百姓，其中多為粵籍人士，如梁儲、方獻夫等人就是他的門生。可以說，陳獻章是推動廣東文化教育普及的第一人。湛若水是陳獻章的學生及學術繼承人，對推動廣東教育事業發展也起了積極作用。他曾鄉居三年，築西樵學舍，對鄉人授徒講學。長期駐守江西的王守仁對培養粵東人才也作出了很大的貢獻。如《明史・薛侃傳》載：「薛侃，字尚謙，揭陽人。性至孝，正德十二年成進士，即以侍養歸。師王守仁於贛州，歸語兄助教俊。俊大喜，率群子侄宗鎧等往學焉。自是王氏學盛行嶺南。」可見，珠江三角洲一帶的學者主要是受陳獻章、湛若水的影響，粵東一帶則主要是受王守仁影響，而陳、湛、王三人俱是有明一代最著名的理學家、教育家。海南島的瓊山也是教育事業十分發達的地區。據今人統計，有明一代，僅瓊山縣即出進士四十一人，舉人二百九十九人。除官辦的府、州、縣學外，私辦的各類社學、義學、書院也非常盛行。[17]由於廣東文化教育事業的不斷發展，參加科舉考試的人日益增多，考中進士的比率及名次也在不斷提高，故明政府亦不斷增加廣東籍舉人參加會試的名額。據《萬曆會典》卷七十七〈貢舉・歲貢〉載，洪武三年（1370年），第一次舉行會試，分配參加會試的名額是直隸一百名，其餘四十名，獨廣東、廣西居末，僅得二十五名。洪熙元年（1425年），廣東名額便超越河南、四川、陝西、山西、山東、廣西、雲南、交趾，與湖廣並列為四十名，而僅次於南北直隸、江西、浙江、福建。正統五年（1440年），廣東參加會試的名

16 謝國楨：《明清之際黨社運動考》（北京市：中華書局，1982年），頁196。下引該書同此版本，不再另注。

17 楊德春：《海南島簡史》，1982年列印本。

額仍排在全國第七位，居於中上水準，並保持終明大體未變。儘管廣東參加會試的名額在不斷增加，但由於文化的昌盛，廣東文人仍較難通過競爭取得會試資格，以致部分廣東文人竟通過寄籍鄰近相對落後的廣西，參加廣西鄉試來取得會試資格，像明末東莞人袁崇煥便是其中的一員。

　　明代粵籍官員的大量湧現與廣東在元明交替中沒有經歷大規模戰爭破壞也有一定關係。元末混戰，東莞人何真割據嶺南，發展生產，保土安民。明初，朱元璋命廖永忠徵廣東，何真聞訊立即歸順明朝，被封為東莞伯。這就為廣東社會持續穩定發展創造了良好的條件，這當然是有利於文化教育事業發展和人才培養的。

三　粵籍官員的作用

　　《明史》中立傳的粵籍官員，大多數都對推動明代社會經濟發展起過積極的作用。

　　明代廣東經濟發展迅速，在商品經濟日趨發達的環境中成長的粵籍官員，一般都能順應歷史發展潮流，率先提出經濟改革的理論並付諸實踐。理論方面，如丘濬在《大學衍義補》卷二十七〈制國用·銅楮之幣下〉中提出，不僅要注重「本」，而且要發展「末」，要大力發展手工業和商業，發展商品經濟，以滿足國家的財政收入。他還提出，不僅要「保富」，而且要「安貧」，「貧，吾民也；富，亦吾民也。」要「藏富於民」，不要對貧民過於苛剝。他甚至還提出了勞動創造價值的觀念，認為「生於天地，然皆必資以人力，而後能成其用。其體有大小精細，其功力有深淺，其價有多少」。丘濬的經濟理論，至今仍受到經濟學界和史學界的重視。實踐方面，如龐尚鵬和海瑞就曾早於張居正推行一條鞭法。《明史·龐尚鵬傳》載，龐尚鵬巡

按浙江時,「民苦徭役,為舉行一條鞭法」。龐尚鵬去世後,「浙江、福
建暨其鄉廣東皆以徭役輕故德尚鵬,立祠祀」。海瑞在應天任巡撫時
推行最力,成效最大:「往昔田糧未均,一條鞭未行之時,有力差一
事,往往破人之家,人皆以田為累」;「賴巡撫海公均田糧,行一條鞭
法,從此役無偏累,人始知有種田之利,而城中富室始肯買田,鄉間
貧民始不肯輕棄其田矣。至今田不荒蕪,人不逃竄,錢糧不拖欠」。[18]

　　廣東是中西文化的撞擊點,在對待海外貿易及對外來先進技術的
問題上,粵籍官員也大多數採取較積極的態度。如丘濬在《大學衍義
補》卷二十五〈制國用·市糴之令〉中就力主發展海外貿易,並認為
經營對外貿易贏利很高。「利之所在,民不畏死,」禁是禁不了的,
不如放開,國家還可以從中徵收關稅,是「足國用之一端」,且關稅
收入「不擾中國之民,而得外邦之助」,比增加國內苛捐雜稅要好得
多。即使在嘉靖年間,葡人東來,倭患日熾,廣東官員仍堅持只要嚴
加管理,海外貿易實不應廢止。如霍與瑕於《明經世文編》卷三百六
十八〈上潘大巡廣州事宜〉中就提出,「夷船一到,即刻趕澳抽分,
不許時刻違限」,「毋得留難,以設該房賄賣」。霍與瑕還主張發展私
人遠洋貿易,多造巨船,平時商用,戰時也可以憑藉巨船抗倭。向西
方學習火炮的製造技術,是明代知識分子向西方學習的重要內容,廣
東有早於徐光啟的翁萬達學習此技,也有稍晚於徐光啟的袁崇煥把火
炮技術用於遼東戰場的實踐。據《明經世文編》卷二百二十三記
載,翁萬達在上給朝廷的奏疏〈置造火器疏〉中說,「火器莫利於佛
郎機」,他「彷彿郎機炮而損益之」造出的「先鋒炮」,可以連發連
納,與傳統的火槍、雷飛炮、地雷炮並用,構成了強大的火力網,在
西北抗擊俺答部的戰爭中發揮了巨大的作用。明末袁崇煥更是憑藉火

---

18 〔萬曆〕《上元縣志》卷十一,轉引自李龍潛《明清經濟史》(廣州市:廣東高等教
　　育出版社,1988年),頁185。

炮守城，同樣取得了輝煌的戰果。

　　宦官干政專權是明代政局的一大弊端，不少粵籍官員為救治這一痼疾做出了不屈不撓的努力。如永樂年間的周新就是因懲治宦官在浙江「攬賄作威福」，被誣告，以致被冤斬的。據《明史》卷一百六十一〈周新傳〉載，行刑時，周新大呼：「生為直臣，死當直鬼！」冤白，朱棣歎曰：「嶺外乃有此人，枉殺之矣！」此外，陳吾德曾疏罷派中官市珍寶，梁儲疏罷派中官出鎮監軍，唐胄疏罷派中官出使安南，王學曾疏劾工部尚書楊兆諂諛中官，等等，這些主張都是力圖通過削弱宦官的特權，從而達到抑制宦官專權的作用。到了明代中後期，反對宦官專權的鬥爭又表現為東林黨與閹黨的鬥爭。在這場正義與非正義的鬥爭中，大批粵籍官員是同情乃至站在東林黨行列的。如抗清名將袁崇煥與東林黨人就有著千絲萬縷的聯繫。與他交厚的侯恂、錢龍錫、韓、孫承宗、熊廷弼等人均是東林黨中極為重要的人物。天啟年間，他因受閹黨排擠而罷官；崇禎年間，他受東林內閣交薦而備受重用，是崇禎帝和東林內閣一度倚仗的軍事長城。又如《明史》卷二百四十六〈王允成傳附李希孔〉載，李希孔，曾疏劾閹黨並為東林學魁楊漣鳴冤，要求驅逐客氏，誅閹黨黨徒崔文升等，被閹黨「指為東林黨」。再如《明史》卷二百七十八〈陳子壯傳〉載，陳子壯，「天啟四年，典浙江鄉試，發策刺閹豎，魏忠賢怒，假他事削子壯及其父給事中熙昌籍」。直至南明，廣東士人更是紛紛組黨結社，「與江南復社互通聲氣」，繼續與閹黨餘孽進行鬥爭。[19]

　　明代粵籍官員中還有不少人是著名的正直官員。周新就是一個「鐵面御史」。據《明史》卷一百六十一〈周新傳〉載，建文帝時，居大理寺評事，審獄平允，從無曲斷；永樂帝時，任監察御史，彈劾不避權貴，屢犯天威，貴戚咸畏，京城內人稱「冷面寒鐵公」。又

---

19 謝國楨：《明清之際黨社運動考》，頁204。

如，何維柏，嘉靖年間劾權臣嚴嵩，反遭「下詔獄，廷杖，除名。士民遮道號哭，維柏意氣自如」，毫無懼色。此外，據《明史》卷一百六十一〈唐胄傳〉載，唐胄，「立朝有執持，為嶺南人士之冠」；據《明史》卷二百二十七〈龐尚鵬傳〉載，龐尚鵬，「直無所倚，所至搏豪強，吏民震慑」。明代皇帝極端專制，對稍違其意者，不管大小臣等，動輒處以廷杖、下獄、處死的懲罰，但仍有不少粵籍官員為了軍國大事，敢於犯顏直諫。如《明通鑑》卷四十九載，梁儲就曾數十次疏諫明武宗出巡遊玩擾民，雖然絕大多數奏疏均被武宗棄置不納，但最終還是制止了武宗正德十五年（1520 年）遍遊江南的企圖，為國為民辦了一件大好事。又如《明史》卷二百二十六〈海瑞傳〉載，海瑞曾先「市一棺，訣妻子」，冒死諫明世宗「不視朝，深居西苑，專意齋醮」的行為。

粵籍官員中不少是潔身自好的清官，梁儲就是其中的一位。正德年間，寧王朱宸濠謀叛，為收買人心，遍向朝臣行賄。寧王謀叛被平定後，查閱受賄名冊，「惟厚齋梁公、晉溪王公無受饋」。後來，梁儲因得罪宦官劉瑾，被抄家，梁聞報，「色不動」，因為家中「田無百畝，所有者，香山浮坦，從化賊巢瘦敝不食之土耳」[20]。又如《明史》卷一百八十一〈丘濬傳〉載，丘濬為三朝元老，高官數十載，而「所居邸第，極湫隘，四十年不易」。唐伯元歷任吏部考功、文選司郎中，參與百官陞遷大事，是個公認的美差，但唐伯元「苞苴不及其門，清苦淡薄，人所不堪，甘之自如，為嶺海士大夫儀表」。海瑞死時「葛幃敝籯，有寒士所不堪者」。袁崇煥被磔，崇禎下令「籍其家，家亦無餘資，天下冤之」。（俱見《明史》各人本傳）明朝官俸最薄，故貪官污吏最多，而我們看到的眾多粵籍官員卻不為利動，自甘

---

20 李贄：《續藏書》卷十二〈梁儲傳〉（北京市：中華書局，1959年），頁229。

清貧。正直、清廉正是明代粵籍名臣的一個鮮明的特徵。

　　粵籍官員中有不少人為守疆衛國作出傑出貢獻。永樂年間，孟善鎮遼八年，屢戰屢勝，還京時「鬚眉皓白」，被譽為一代良將。成化年間，彭誼亦鎮遼八年，「臨事毅然有斷，軍令振肅」。正統年間，羅亨信任宣府、大同巡撫，也先大舉入犯，宣府頓成孤城。土木堡之變，群議棄城，羅亨信仗劍城下，令曰：「出城者斬。」也先擄英宗北還，經宣府，英宗出勸降，羅亨信登城語曰：「奉命守城，不敢擅啟。」羅亨信守邊十四年，「外禦強寇，內屏京師，著兜鍪處，顛髮盡禿」。七十四歲始致仕，《明史》卷一百七十二〈羅亨信傳〉贊曰：「保固封疆，誅虣禁亂，討則有功，撫則信著，宜力封疆，無忝厥任矣。」嘉靖年間，翁萬達初平安南，繼守西北，《明史》卷一百九十八〈翁萬達傳〉讚揚他：「為人剛介坦直，勇於任事，履艱危，意氣彌厲，臨陣嘗身先士卒，尤善御將士得其死力。嘉靖中，邊臣行事適機宜，建言中肯綮者，萬達稱首。」萬曆年間，陳璘先後在薊遼漳潮沿海等地抗倭，後又委以抗倭總兵官統廣東兵五千援朝抗倭，在異國他鄉作戰。萬曆二十五年（1597年）朝鮮南海大戰，陳璘命名將陳子龍偕朝鮮李舜臣為先鋒，傾全軍截擊日軍，取得決定性的勝利。《明史》卷二百四十七〈陳璘傳〉載：「論功，璘為首。」明季，袁崇煥守遼也立下了彪炳史冊的赫赫戰功。兩次寧遠大捷，先後打敗努爾哈赤和皇太極，逼得皇太極只好採用反間計加害於袁。《明史》卷二百五十九〈袁崇煥傳〉載：「我大清舉兵，所向無不摧破，諸將罔敢議戰守。議戰守，自崇煥始」；「自崇煥死，邊事益無人，明亡徵決」。袁崇煥不僅在明清戰爭史上地位顯赫，而且在中國軍事史上佔有重要的地位。到了南明，粵籍官員在廣東仍進行了可歌可泣的戰鬥。其中，最著名的有陳子壯、張家玉、陳邦彥等，他們在極其險惡的情形下，離家棄業，共舉義旗，最後都壯烈為國捐軀。

在粵籍官員中，有一部分被稱為循吏，他們長期擔任府縣一級地方官，兢兢業業忠於職守，為發展轄內社會經濟作出了重大貢獻。永樂至正統年間，翟溥福長期任知縣或知府。在任南康知府時，他赦免了搶富民糧食的饑民死罪者百餘人，築石堤以捍鄱陽湖，重修白鹿書院延師教育當地子弟。《明史》卷二百八十一〈翟溥福傳〉載，翟溥福年老歸鄉時，「父老爭贐金帛悉不受」。主持考績的吏部侍郎曾感歎：「翟君此邦第一賢守也！」嘉靖中，龐嵩攝應天府事，適遇大饑，龐嵩竭府庫救之，並「貸之巨室富家，全活者六萬七千餘人。乃蠲積逋，緩征徭，勤勞徠，復業者又十餘萬人。歲時單騎行縣，以壺漿自隨」。行縣時又沿途興利除弊，應天豪紳素刁，「飛灑詭寄」現象極其嚴重。龐嵩下令：「凡優免戶及寄居客戶、詭稱官戶、寄莊戶、女戶、神帛堂匠戶，俾悉出以供役，民困大蘇。」江寧縣葛仙、永豐二鄉，頻遭水災，居民止存七戶。「嵩為治堤築防，得田三千六百畝，立惠民莊四，召貧民佃之，流移盡復。」他還屢剖冤獄，替民伸冤。「戚畹王湧，舉人趙君寵占良人妻，殺人，嵩置之法。」《明史》卷二百八十一〈龐嵩傳〉載：「京府佐貳鮮有舉其職者，至嵩以善政特聞」；「遷云南曲靖知府，亦有政聲」。

四　粵籍官員地位的估價

與前代相比，粵籍官員只有到了明代才真正成為一個社會群體、一股政治勢力，對明朝社會及中央政權產生多元的影響。

在文學上，早在明初就有孫、王佐、趙介、李德、黃哲五人組織結成的「南園詩社」，合稱「南園五子」，與當時高啟為首的「吳四傑」、林鴻為首的「閩十才子」齊名，這可說是廣東第一個在全國文壇佔有重要地位的文學群體。明季以陳子壯為首的「後南園五子」也

是個頗有影響的文學群體。

在理學上，明中期有以陳獻章、湛若水為首以及其學生張詡等人構成的理學群體，並以陳獻章故居命名為「江門之學」或曰「白沙之學」，他們自成一派，在明代與王守仁的「陽明之學」齊名，在中國哲學史上也是極其重要的流派。

在政壇上，明中期又活躍著丘濬、梁儲、方獻夫、霍韜、海瑞、翁萬達、唐冑等一大批粵籍名臣。尤其在嘉靖年間，方獻夫任內閣首輔、霍韜以吏部左侍郎掌吏部事，霍韜獨立敢言，立朝十三載，建白九十餘疏；方獻夫掌政，頗私鄉人，二人一唱一和，一時對全國政局產生了重要影響。及至明末、南明，粵籍官員更是以一股強勁的政治力量支持著南明諸政權的抗清。與宋元交替之際的廣東抗元鬥爭相比，明清交替的廣東戰事才真正具有「廣東軍民」的含義。宋末抗元鬥爭的領導人是文天祥、張世傑、陸秀夫等，均非粵籍，士兵也多是隨南宋政權而來；明末抗清鬥爭的領導人是土生土長的陳子壯、張家玉、陳邦彥等人，士兵則多是廣東紳民。二者之間有著巨大的差別。

此外，丘濬與龐尚鵬在中國經濟思想史上有著顯赫位置；翁萬達、陳璘、袁崇煥在明代軍事史上有著舉足輕重的分量。

總之，明代粵籍官員已經不是個別的、偶然的，而往往是以一個群體、一股社會力量的面目出現。這就預示著隨著廣東社會經濟的發展，粵籍官員在今後的全國政治生活中必將佔有越來越重要的地位。

陳建與《皇明資治通紀》

一　陳建生平及《皇明資治通紀》的流傳

陳建（1497-1567 年），字廷肇，號清瀾，亦號清瀾釣叟。廣東東

莞人。嘉靖初年出仕，但宦歷並不顯赫，只是擔任教諭、教授一類的
學官，曾很短時間當過山東陽信知縣。不久，即以母老為由告歸，時
年僅四十八歲，從此開始了長達二十餘年的潛心學問，著書立說。陳
建主要著作有三部。經學方面有《學蔀通辨》十二卷，專辨宋儒朱熹
與陸九淵學術異同，崇朱抑陸；同時，批判明代陳獻章、王守仁等人
引佛學入儒學。社會學方面有《治安要議》六卷，「其言切於通變救
弊」[21]。史學方面的代表作則是《皇明資治通紀》三十四卷。《皇明資
治通紀》記載自元末至正十一年（1351年）至明正德十六年（1521
年）約一百七十年歷史。此外，陳建還著有《古今至鑒》、《經世宏
詞》、《明朝捷錄》等書。應該說，陳建是一位史學家、經學家和社會
學家。近年來，對陳建的研究已開始受到學術界的重視，尤其是在研
究其經學方面成果頗豐，已有一定數量的論著。至於其它方面的研
究，則尚待進一步展開。

　　關於陳建《皇明資治通紀》一書，明代著名史家沈德符曾質疑陳
建是否為《皇明資治通紀》作者。沈德符在《萬曆野獲編》中引楊慎
語：「《皇明通紀》為梁文康弟梁億所撰。其言必有據。豈億創之而嫁
名於陳建耶？況梁亦廣州之南海人。」此說也為清代目錄學家黃虞稷
所沿襲。[22]時至今日，仍有「今姑存疑」之議[23]。要研究《皇明資治
通紀》和徵引其中內容，是不宜長期「今姑存疑」的，因此有必要先
作一番辨析考察。

　　沈德符的揣測不足為信。第一，以筆者目及，明清兩代粵籍學人
或歷代《廣東通志》均指陳建為《皇明資治通紀》作者，從未有梁億

---

21 郭棐：《粵大記》，頁727。

22 黃虞稷：《千頃堂書目》（上海市：上海古籍出版社，1990年），頁118。

23 《皇明資治通紀三種》，《出版說明》第5頁（北京市：中華全國圖書館文獻縮微複
　　製中心，1997年）。下引該書同此版本，不再另注。

所作一說。[24]第二，在刊刻的《皇明資治通紀》全書中，卷首有陳建序，每卷開頭均有「臣東莞陳建輯著」字樣，行文中，頂格行的均為正文，低一格行的為陳建所作的按語，開頭也明書「臣建按」或「臣建曰」。第三，《皇明資治通紀》的確體現了陳建思想。如前所述，經學上，陳建是強烈反對陳獻章、王守仁等人引佛入儒的。這在《皇明資治通紀》中就有所反映。成化年間，陳獻章獲皇帝特授翰林檢討，獻章以需侍老母為由，辭官歸鄉講學，由是名聲大噪，執弟子禮者如雲。《皇明資治通紀》對此有按語云：「按陳白沙聲名傾動一時。然其學專主靜、明心，而以經書為糟粕，與程朱異尚。以故當時推尊之者固多，而致訾議者亦不少。」並舉列了「議之者」，「若章楓山懋、若何淑丘喬新、若周華渠瑛、若胡敬齋君仁、若羅整庵欽順、若陳益庵騏。皆有珊言訾其為禪」。又說：「愚於《學蔀通辨》亦已辨之至。」[25]這顯然是陳建思想。此書對王守仁的批評就更嚴厲。陳建說：「陽明講學全宗仙佛，而假儒書以文之，此三書之言乃其肯綮要妙，固以大假洩露，分明招認矣。近日士大夫乃有以陽明為真聖學尊信傳授，而隨聲以詆諸子亦獨何與？愚謂陽明文章功業盡足以名世，不消講學，講學亦不消宗信佛老而詆訾程朱，反增一疣贅而為文章功業之累矣。卒來偽學之謗，削爵之命，惜夫！愚於《學蔀通辨》辨之頗詳，志道君子審之。」[26]陳建在《皇明資治通紀》中還稱讚了激烈反對王守仁心學的羅欽順。第四，書中也多處提及了他的另一名作《治安要議》。[27]第五，陳建提及東莞歷史時曾說：「祖宗朝，吾東莞縣令盧秉

---

24 可參見郭棐《粵大記》、屈大均《廣東新語》、〔康熙〕《廣州府志》、阮元《廣東通志》等，在此不一一詳列。

25 《皇明資治通紀三種》，頁354。

26 同上書，頁461。

27 同上書，頁160、182、463。

安，蒞任至一十九年，清操不易，臨行惟受士民之詩……。」[28]可見，《皇明資治通紀》確係陳建所作。

陳建《皇明資治通紀》甫一出版就受到明代學術界的推崇。程繢洛認為：「《皇明資治通紀》要議言經綸事業，《學蔀通辨》言學術是非，皆如根帛菽粟，民生日用之不可缺也。」瞿九思認為：「建著述多君國大謨，趨向取捨正，可以直號名筆。」[29]郭棐認為：「公學識溫醇，議論純正，酌古準今，崇正黜邪，則毅然貫育莫奪。」此外，高度稱讚陳建學術的還有明代高官林潤、譚大初等。[30]

近年來，學術界對陳建《皇明資治通紀》一書的評價仍然很高。如一九九七年中華全國圖書館文獻縮微複製中心影印出版陳建《皇明資治通紀》時，石洪運、李天翔、阮婭菲等在〈前言〉中，除介紹了陳建《皇明資治通紀》版本及流傳外，對其史學價值是這樣評價的：「陳建創《通紀》為明代首部編年史，甫出即傳播宇內，並被推為當朝典故權輿，足見其史學價值之所在。」[31]

但遺憾的是，今天陳建《皇明資治通紀》一書流傳仍不廣，國內只有極少數圖書館藏有明版。[32]全部屬於珍稀本，普通人已不易見到。一九九七年的影印本，卻又只印刷了二百冊。陳建《皇明資治通紀》一書流傳的稀少，嚴重影響了對陳建及此書研究的開展。筆者從各方檢索發現，近年來正面研究陳建《皇明資治通紀》的論著只有向燕南〈陳建《皇明資治通紀》的編纂特點及影響〉一文[33]。因此，筆者認為，有必要繼續深入研究陳建《皇明資治通紀》以及陳建在《皇

---

28 同上書，頁244。

29 阮元：《廣東通志》卷二百七十九〈陳建傳〉，頁4829。

30 郭棐：《粵大記》，頁727。

31 《皇明資治通紀三種》，頁6。

32 駱偉：《廣東文獻綜錄》（廣州市：中山大學出版社，2000年），頁656-657。

33 該文見《史學史研究》1993年第1期。

明資治通紀》一書中所反映的思想。

　　造成這部重要史學著作珍稀難覓的主要原因是《皇明資治通紀》屢被官方列為禁書。隆慶五年（1571年），工科給事中李貴和上疏誣指：「廣東東莞人陳建私輯《皇明資治通紀》，具載國初至正德間事，梓行四方，內多傳聞失真者。」又說：「我朝列聖實錄皆經儒臣奉旨纂修，藏在秘府。建以草莽之臣職私擬，已犯自用自專之罪矣。況時更二百年，地隔萬餘里，乃欲以一人聞見臧否時賢，熒惑眾聽，若不早加禁絕，恐將來以訛傳訛，為國事之累非淺也。」倡言禁書。於是，朝廷下令：「焚毀原版，仍逾史館毋得採用。」[34]清代乾隆年間修《四庫全書》「寓禁於徵」，以「坊間野史，不足徵信」為由，又將陳建《皇明資治通紀》列為軍機處奏准全毀書目之首。[35]不僅《皇明資治通紀》被禁，陳建的另外兩部著作《學蔀通辨》和《治安要議》也入禁燬書目之列。[36]

　　其實，統治者對陳建僻處嶺南、孤陋寡聞、不能修出良史的指責是不能成立的。筆者曾翻檢全書，統計出《皇明資治通紀》一書共徵引了官私檔案、文獻四十餘種。它們分別為：《草木子》、《皇明群書提要》、《龍飛紀略》、《傳信錄》、《五倫書》、《開國功臣錄》、《潛溪文集》、《翊運錄》、《大明一統志》、《雙槐歲抄》、《天順日錄》、《明太祖集》、《殿閣詞林記》、《水東日記》、《菽園雜記》、《廣州志》、《革除遺事》、《正德會典》、《大學衍義補》、《瑣綴日錄》、《楊文敏家集》、《楊東里集》、《群書類考》、《皇明策要》、《經濟錄》、《雙溪雜記》、《王抑庵文集》、《野記》、《寓圃雜記》、《孤樹裏談》、《通鑒綱目》、《名臣言行錄》、《思善錄》、《今獻匯言》、《九邊圖論》、《湖廣通志》、《南宮疏

34　《明實錄・穆宗實錄》卷六十一「隆慶五年九月辛巳」條。

35　《皇明資治通紀三種》，「出版說明」頁6。

36　雷夢辰：《清代各省禁書匯考》（北京市：北京圖書館出版社，1989年），頁253。

略》、《廣西通志》、《山語錄》、《廣東通志》、《西湖塵談》、《燕對錄》、《震澤長語》、《守溪長語》、《汪循日錄》、《餘冬序錄》。以上書目，是筆者翻書時按順序筆錄的，從中可見，陳建是大致遵循了「用當時人的著作證明當時事情」的原則。目前，《皇明資治通紀》曾徵引的文獻有些已失傳，我們也只能從《皇明資治通紀》中窺見一斑。

相反，在明清兩代，《皇明資治通紀》在民間廣泛流傳。沈德符《萬曆野獲編》卷二十五〈焚通紀〉中載，早在明萬曆年間，學者著書，多有徵引，「以誇博洽」；「至是始命焚毀，而海內之傳誦如故也」；「復有重刻行世者，其精工數倍於前」。在明代，又有學者不斷續修《皇明資治通紀》。計有卜大有《皇明續紀》、卜世昌《皇明通紀述遺》等。明代中後期，模仿陳建《皇明資治通紀》體例的史書更是層出不窮。主要有薛應旗《憲章錄》、沈國元《皇明從信錄》、陳龍可《皇明十六朝廣匯記》、陳仁錫《皇明實紀》等。陳建在談到編著《皇明資治通紀》目的時說：「祖宗時，士馬精強，邊烽少警，而後來則胡騎往往深入無忌也；祖宗時，風俗淳美，真才輩出，而邇來則漸澆漓也；祖宗時，財用有餘，而邇來則變易廢弛比比也。推之天下，莫不皆然。是果世變成江河之趨而不可挽與？抑人事之得失有以致之也。愚間因次錄閱事變，不能自己於懷，輒僭著評議，或採時賢確言，誠欲為當世借箸籌之挽回祖宗之盛所深願焉。而力莫之能與也，有志於世道者尚相與商之。」[37]。陳建著《皇明資治通紀》目的是鑒古知今，興利除弊。他也頗為自負地說：「近日有梓行《龍飛紀略》者，雖亦編年終洪武之世，然徒詳於細碎。如倉官巡檢陞降資格及禮儀俯伏拜興之類皆備載，而巨要多遺。如此年處分五六事皆刑政之大者，而此紀不載一焉，他可知矣。」[38]這也是《皇明資治通紀》

---

37 《陳建自序》，《皇明資治通紀三種》
38 《皇明資治通紀三種》，頁116。

之所以屢禁不止、廣泛流傳的最主要因素。作為明朝的一部當代史，陳建在明代一系列重大事件上都有眼光獨到的創見。

二　《皇明資治通紀》所反映的陳建的史識

（一）陳建批判了明代極端君主專制體制

　　《皇明資治通紀》大量記述了君主專制的殘暴行為，即使是對開國皇帝朱元璋的殘暴殺戮功臣行為，陳建也能夠做到秉筆直書。如洪武二十六年（1393年）藍玉一案。《皇明資治通紀》就記載：「大誅逆黨凡戮數萬人。連坐鶴慶侯張翼……凡數百千家。」[39]在對朱元璋的總結性評價中，陳建仍借徵引它書批評了朱元璋的殘暴。他徵引黃佐《廣州志》之言曰：「國初馭下，多從重典。藩臬守令稍有贓罪，懷印未暖，即逮之去，非遠戍即門誅。其有異政者，不浹旬已位朱紫矣。」也徵引《傳信錄》之言：「洪武間，朝廷法度嚴密。善無微而不錄，惡無微而不誅。有位老人怕做人材，詐為癡愚不識字以異免者。」還徵引《菽園雜記》云：「洪武間，秀才做官吃多少辛苦，多少驚怕，與朝廷出多少心力，到頭來小有過失，輕則充軍，重則刑戮，善終者十二三耳。」[40]

　　如果說，陳建批判開國君主朱元璋殘暴是借他人之口，還算委婉一些的話，對明朝其它皇帝殘暴行為的批判則是直截了當、嚴厲多了。如《皇明資治通紀》忠實詳盡地記錄了朱棣在「靖難之役」後是如何慘無人道地迫害政敵，並說：「革除諸臣子，嘗考諸留臺行牒，凡不順命者，匪惟戮其身，且戮及其九族焉。且又逮及九族外親之外

39　《皇明資治通紀三種》，頁115。

40　同上書，頁122-123。

親焉，根連蔓引，殆無子遺。」陳建還感歎道：「靖難數年之戰爭以
及奸黨族親之誅，逮宇宙一大禍變也！」[41]在所有明朝皇帝中，朱高
熾是最有所謂寬厚之名的，故死後得諡號「仁宗」。陳建揭露了「仁
宗不仁」。《皇明資治通紀》記錄了洪熙元年（1425年），監察御史李
時勉、羅汝敬上疏條陳時政，竟遭仁宗「廷杖」一事。李時勉「以時
政違節，條成二本上之。上覽之，怒命武士撲以金瓜十六七，脅肋以
斷其三，曳出不能言」。羅汝敬因「問囚一起言事一章至三上，乃下
錦衣衛獄」。陳建就此事評論道：「仁廟自臨御以來，孜孜以求言納諫
為務，以諱言拒諫為戒，而將終乃有此舉何耶？」[42]矛頭直指仁宗的
言行不一，殘暴不仁。在明朝皇帝中，宣宗也有好名聲，在位期間得
了「仁宣之治」的美名。同樣，陳建也揭露了宣德帝朱瞻基的殘暴。
宣德六年（1431年），御史陳祚上疏，勸宣德帝讀元代大儒真德秀
《大學衍義》一書，並說讀此書可「使知孰為忠賢之可親，孰為邪佞
之可遠；古今若何而治，若何而亂；政事若何而得，若何而失」。本
是一派忠言，宣德帝閱後，卻疑陳祚譏諷，竟下令「差官校逮繫至京
並其父母妻子家屬下屬衣衛獄禁錮者數年」。[43]清代官修《明史》卷八
〈仁宗紀〉對這兩件事都有所迴避。〈仁宗紀〉僅有一句話：「五月己
卯，侍讀李時勉、侍講羅汝敬以言事改御史，尋下獄。」而〈宣宗
紀〉更是隻字不提迫害陳祚一事，只有陳建毫不留情地予以揭露。兩
相比較，陳建《皇明資治通紀》能更忠實地反映歷史事實。

正德帝朱厚照是歷史上著名的昏君，經歷了他昏庸胡作非為的十
六年統治，明代統治到了瀕臨瓦解的地步。陳建將其總結為五大危
象：「逆瑾滔天之黨亂政，無異於漢五侯十常侍、唐元和甘露之黨

---

41 同上書，頁156。
42 同上書，頁212。
43 《皇明資治通紀三種》，頁228。

也；流賊之擾，遍及寸兩畿、山東、河南、川蜀、江西之境，無異於漢黃巾、唐黃巢、元紅巾之亂也；宸藩宸濠之害，無異於漢七國、晉八王之禍也；召邊兵入京師，無異於何進召董卓之釁也；武皇帝之嬖幸盈朝，政在臣下，巡遊宴樂，荒棄萬幾，無異秦、隋、漢、唐之季也。於乎，前代有一於此，未或不亡。」[44]這樣直筆批評昏君，也是良史的表現。

　　陳建在《皇明資治通紀》中還大量揭露了在君主專制制度下君臣之間互相猜忌、極度緊張的關係。洪武八年（1375 年），開國功臣廖永忠被賜死。陳建對此評論道：「永忠以豪傑茂爽之才，虎視鷹揚之勇，以訏謀宏遠之略，而成乎光大奇偉之勳」；「豈直開國之元勳，雖千古之名將不是過也。永忠論功當封公」。但廖永忠不僅沒能封公，反而落個賜死的下場。陳建分析認為，是廖永忠在朱元璋身邊安插了親信，窺探朱元璋本意，從而觸犯皇權深處大忌。所以，「終獲遣以沒，豈其所以居功者未盡善與？」[45]《皇明資治通紀》也記載了朱元璋與徐達的緊張關係。徐達功高震主，朱元璋為試探徐達是否有野心，曾將徐達灌醉，置於吳王舊邸。徐達酒醒，得知醉臥吳王舊宅，大驚，「起趨丹階下，北面四拜三叩頭而出」，從而減輕了朱元璋的猜忌之心。[46]

　　洪武以後，殺戮功臣的現象雖有所減少，但羞辱大臣的現象卻五花八門。明朝有經筵制度，皇帝得請大臣為講官定期上課。有些皇帝對此是十分不滿的，有心折辱帝師。宣宗就曾在聽課完畢「撒金於地，令諸臣拾取」。英宗就更經常如此。英宗的老師包括內閣大學士、尚書、侍郎、國子監祭酒、翰林院官員，「每講畢，命中官撒金

44　《皇明資治通紀三種》，頁462。

45　同上書，頁82。

46　同上書，頁100。

錢於地，令講官拾之以為恩典。」[47]看到大臣們屈服於自己的淫威，滿地搶金，才能滿足皇帝的專制欲望。翰林院編修楊守陳曾作《銀豆謠》曰：「尚方承詔出九重，冶銀為豆驅良工；顆顆勻圓奪天巧，朱函進入蓬萊宮；御手親將十餘把，琅玕亂灑金階下⋯⋯」對此情景，陳建說：「真令人殆欲下淚。」[48]武宗時期，又利用廷杖來體現皇權的至高無上。正德十四年（1519年），數百大臣齊諫正德出遊，正德大怒之下，竟將進諫大臣統統拉至午門前廷杖，頓時血肉橫飛，一共打死了十餘人，後又下獄被貶數百人。陳建又說：「是役也，舉朝死諫，車駕遂不果出，雖士氣少振，江彬奸謀少沮，而國體亦少損矣。」[49]

　　明代皇權極度加強的表現是多方面的。如朱元璋頒佈《大誥》時曾下令：「一切官民諸色人等，戶有此一本，若犯笞杖徒流罪名，每減一等；無者，加一等。」陳建在《皇明資治通紀》中就表露了強烈的不滿，認為：「凡犯罪者《大誥》皆減一等誤矣。天下事忘源失委，承訛踵繆，如此者何可勝歎。」[50]獎勵密疏，操縱監察機構，也是明代皇權加重的表現。陳建在《皇明資治通紀》中記錄了這方面的史實，永樂二十二年（1424年），「翰林學士楊溥密疏言事，上嘉納之。御劄獎諭之曰：覽卿所奏，為國家之計，誠合朕心，但望卿始終如一，知無不言，相朕致治以承天休，感卿忠懇，特用酬報。今賜卿彩幣一雙，鈔一千貫，卿其受之」。又賜戶部尚書夏原吉「繩愆糾繆」圖章，只要鈐上此印，密即可達永樂帝手中。[51]「永樂中，楊榮

---

47 同上書，頁272。

48 同上書，頁281。

49 《皇明資治通紀三種》，頁456。

50 同上書，頁103。

51 同上書，頁205。

疏言諸司積弊，而文廟密諭使御史言之同意。」[52]洪熙朝時，仁宗也多次密諭楊士奇上疏言事，對楊士奇密疏言事給予重賞。[53]

也有史家注意到陳建不避皇權，多揭露專制黑暗的特點。如清代潘檉章《國史考異》指出，永樂十三年（1415 年），朱棣曾諭三法司：「如今各處有妄告姦惡的，好生擾害良善，自今年五月初八日以前，但有被告姦惡，已提到官及未提到官的都饒了不問。今後但有指以奸惡為由，生事擾害良善的罪之不饒。」此事《實錄》不載。潘檉章就提出質疑：「《實錄》於成祖赦一人，容一言，無不委曲臚列，以揚主德之寬厚，顧如此大事獨遺之，何也？」[54]其實，在永樂帝的鼓勵之下，朝廷之內告訐風盛行，已到了大臣人人自危、無法正常行政的地步。《實錄》不載是故意為朱棣護短，陳建的《皇明資治通紀》卻忠實地記錄了這一重要事件。正德年間，寧王朱宸濠起兵，對寧王起兵圖謀皇位的事件，陳建的評論也出人意表。陳建說：「使濠乘初起之銳，順流之勢，南康、九江之破竹，人心震動，遠近無備，兵不留行，直搗建業，天下事未可知。乃遲留自悔，復頓兵堅城之下，自喪其銳以促其亡。」[55]陳建不僅沒有從道義上強烈批判宸濠覬覦皇位的行為，反而流露出一些同情。陳建對君主專制批判招致了《皇明資治通紀》屢遭禁燬。

（二）陳建探討了明代宦官專權的成因

陳建曾直指宦官專權是明代皇權極度加強的結果。《皇明資治通紀》載：洪武十年（1377 年），「有內史以文事內庭者從容言及政

---

52 同上書，頁207。

53 同上

54 徐蜀編：《明史訂補文獻彙編》（北京市：北京圖書館出版社，2004年），頁589。

55 《皇明資治通紀三種》，第459頁。

事。上怒責之，即日遣鄉，終身不復用。論群臣曰，自古賢明之君，有謀必與公卿大夫謀諸朝廷而斷之於己，未聞近習嬖幸得預謀者，況閹寺之人，朝夕在君左右，出入起居，聲音笑貌，日接耳目，其小善小信皆足以固結君心，而佞僻專忍其體態也，苟一為所惑而不之省，將必假威福竊勢以干政事，及其久也，遂至不可抑而階亂者多矣。朕常以為鑒戒，故立法，寺人不過傳奉灑掃，不許干預政事。今此宦官者，雖事朕日久，不可姑息。決然去之，所以懲將來也。乃制內侍不許讀書識字雲」。陳建還說：「聖祖此諭，曲盡閹寺之情，深得處閹寺之要，萬世聖子神孫宜寫一通置之座側。」[56]在朱元璋的嚴格約束管理下，洪武年間沒有出現嚴重的宦官干政問題。

《皇明資治通紀》記載了永樂時期宦官權位的變化。「靖難兵起三年，屢戰多勝，衝突千里，罕能御之。然所過城邑，往往堅守不下，間克之，兵去則復為朝廷守。是時燕所據者北平、保定、宛平三郡而已。至是內官密遣人言於文廟直擣京師，約為內應天下可定。文廟然之，壬午春舉兵，直赴京師，不復為歸計，意有所屬也。既正大統，諸內臣有謀者皆次第擢為邊藩鎮守。」[57]當然，太監中也有能征慣戰，在靖難之役立下戰功者。建文四年（1402年）六月，太監狗兒充當都指揮，一舉攻下長江重鎮瓜州。對此，陳建作了總結：「靖難初，不獨猛將如林，而內臣智勇兼人者亦往往有之。王安即不花都，汝直人；孟驥即添兒，即西番人；鄭和即三保，李謙即保兒，並云南人；雲翔即猛可，田嘉禾即哈剌貼木，並胡人。皆內臣。從文廟起兵，靖難出入戰陣，多建奇功，後皆為各監太監或出鎮邊藩焉。」[58]在朱棣的支持下，宦官勢力開始走出內廷，參與朝政。

---

56 《皇明資治通紀三種》，頁87。

57 同上書，頁146。

58 同上書，頁150。

宣德年間，又命「翰林官教之於內侍監」[59]，為宦官擴大權力，干預朝政創造了條件。

正統年間，出現了王振專權，並釀成了「土木堡之變」，王振被護衛將軍樊忠殺死，英宗皇帝被擒。天順元年（1457年），英宗復辟，做了兩件事：一是殺害了貞忠為國的於謙；二是替王振進行所謂的「平反」，「追復王振官，立祠祀之」。有大臣「劾其擅權誤國」，英宗大怒，並說：「振為虜所殺，朕親見之」；並「追責言者過實，皆貶竄」；「詔復振原官，刻木為振形招魂」，建智化寺祀之，「敕賜祠額曰，旌忠」。[60]英宗朱祁鎮對宦官專權的放縱，又釀成了曹吉祥的另一次宦官專權。

成立宦官掌握的特務組織也是加強皇權的需要。成化十三年（1477年），成立西廠特務組織，由太監汪直掌管。陳建就說：「上銳意欲知外事，以直年少便黠，乃命選錦衣官校百餘人，另置廠於靈濟宮前號西廠，以別東廠也。縱之出入，分命各校，廣刺督責，大政小事，方言俚諺，悉採以聞。」西廠是完全秉承皇帝旨意設立的。當時大臣商輅上疏說，自西廠設立後，「大小臣工各不安於其位，商賈不安於市，行旅不安於途，庶民不安於業，太平之世豈有此心腹之患」，提出懲辦汪直，解散西廠。成化帝朱見深卻說：「用一內臣，焉得係國家安危。」[61]公開庇護宦官胡作非為。

到了正德年間，劉瑾把宦官專權發展到一個新的高度。陳建認為，對此正德皇帝朱厚照應負主要責任。朱厚照一登帝位，即授予宦官三項新的特權，而三項特權均是嚴重損害百姓利益的。一是用宦官監運官鹽，使宦官得以利用裝載官鹽，中間夾帶私鹽，以謀取暴利，

59　同上書，頁87。

60　同上書，頁297。

61　同上書，頁344-345。

「沿途害人,且壅滯官鹽」。二是用宦官管理皇莊,而皇莊之設,「祖
宗時無之,成化以來始有,然亦未甚,不過數處而已。至正德朝,內
臣用事,皇莊始盛,先後建立,連州跨邑,至三百餘處,畿內之民至
是愈困矣」。三是又聽信劉瑾所言,「更易各處鎮守等內臣」,而「新
用者,隨地方大小,借貸銀兩進貢,方得差出」,是為朝廷公開賣
官。有些官員提出反對意見:「各省鎮守內臣何必紛紛更替回,養饑
虎固不如養飽虎也。」[62]而正德皇帝竟說:「天下事豈只是幾個內官壞
了」,堅持對宦官委以重任。陳建說:「武廟初政未幾,昏椓已張,八
黨漸肆,奏討皇鹽、建立皇莊、更易各鎮守,時事驟然變矣。」[63]由
此,預示著正德朝宦官專權的開始。此後,劉瑾掌管司禮監,「上悉
以天下章奏付瑾剖斷」。乾脆將朝廷決策大權交給劉瑾。「初亦從內閣
票旨,後瑾自於私宅,檢取票旨,奏聞批出」;「大小官公差出外,陛
辭及回京者,朝見畢皆赴瑾宅見辭以為常。惟瑾自建白本則送內閣票
旨」。[64]朝中大權盡落劉瑾手中。「瑾擅政五年,毒虐遍中外,無不怨
恨切齒。」正德五年(1510年),大臣楊一清聯合另一太監張永,以
劉瑾「陰謀不軌」、「陛下安所之乎」等語,指出劉瑾的專權已危及皇
位,促使正德帝下決心除掉劉瑾。同上書,第433頁。不過,除掉劉
瑾後,正德帝馬上又「命太監魏彬掌司禮監印,時劉瑾雖誅而政權仍
在內臣。彬既掌司禮監,決大政」。[65]稍後又寵信太監江彬,釀成了江
彬專權。

　　從洪武至正德,明代宦官專權仍未算達到巔峰狀態,但陳建已總
結出,明朝的皇帝舉手即可除掉汪直、劉瑾、江彬等權傾一時的大太

62　《皇明資治通紀三種》,頁422。

63　同上書,頁418。

64　同上書,頁423。

65　同上書,頁435。

監，但明朝的皇帝並不想從制度上、從根本上剷除宦官專權形成的條件，這才是明代宦官專權的根源。

陳建認為，明朝士大夫失去氣節，也是明代宦官得以專權的一個重要因素。

明代第一次大的宦官專權出現在正統初年，陳建認為，這與內閣「三楊」抵制不力有關。「三楊」即楊士奇、楊榮、楊溥，三人同居相位數十年，歷史上素有好評。但晚年均庸碌有失官德。楊士奇與楊溥曾因庇護各自鄉里翻面交惡，楊士奇又因兒子楊稷犯法被逮不肯上朝，致使大權旁落王振手中。本來，朱元璋曾在內廷立牌，上書八個大字「內臣不得干預政事」。王振不僅統統撤去，竟然另立牌也書八字，「官員人等說謊者斬」。[66]完全顛倒了朱元璋所立的祖制。陳建就說，「三楊」「在本朝固為巨擘，餘獨恨其晚年昧知正之義，知進而不知退也。夫大臣事君，道合則從，不合則止，立乎人之本朝而道不行恥也」。楊士奇「家且不能正矣，如正國何？猶尚靦顏具瞻之列」。[67]「三楊」尚且不能保持氣節，其它大臣更是奴顏卑膝，極盡巴結之能事。又如周忱，也是得到好名聲的官員。《明史》卷一百五十三《周忱傳》稱讚他才德俱佳：「當時言理財者，無出忱右。」又說：「其治以愛民為本」；「周忱治財賦，民不擾而廩有餘羨，此無他故，殫公心以體國，而財力足以濟之」。而陳建的《皇明資治通紀》卻將其巴結宦官的另一面曝之於眾。陳建引《天順日錄》說：「周忱謀慮深長，理財無出其右，亦善於附勢中官，王振極善之，宦遊其地者無虛日，人人得其所欲。」[68]面對王振專權，胡作非為，明朝官員竟一致保持緘口，集體失語。直至「土木堡之變」後，新皇帝朱祁鈺已登基的景

66　同上書，頁253。

67　《皇明資治通紀三種》，頁254。

68　同上書，頁282。

泰元年，才有山西行都司天城衛令史賈斌上疏，要求恢復朱元璋時嚴禁宦官干政的祖制。陳建就說：「自王振擅權以來，宦官之禍極矣，然終正統之世，未敢有顯然攻之者，我朝臣僚攻宦寺，自此疏始。」[69] 令史只是一個極低級的官員，卻敢言眾大臣不敢言之事。

面對宦官專權，大臣們為何不敢言，陳建分析了原因。「無恥者因之求進或竊勢以中傷善類，有能自守者亦脂韋曲從過為諛佞以求自全。」自保者，「今人貪位固祿專為一身之謀，他日退休亦謂名成身退，夫誰欺哉」。[70]到了明代中後期，官員與宦官更是趨向於合流，大臣欲成就一番事業，無不依賴宦官的支持。正德年間的李東陽如此，嘉靖初年的楊廷和如此，隆慶年間的高拱如此，萬曆初年的張居正也是如此。

如何防止宦官專權，陳建也頗有見識。陳建說：「成周之制，以冢宰統閹寺；西漢之制，以元相監宮中；宋人循周漢之遺，亦以宦官之制屬於宰相樞密」；「三代以下，制置閹宦之法莫良於宋，故終宋之世宦官鮮專權」。陳建地位低微，他的思想自然無法傳達到皇帝，陳建不由得感歎：「我朝內侍之制，過唐不及宋，百餘年來中官之權極矣。言之者雖眾，惜乎無有以周宋之事悟宸聰者。嗟夫！」[71]歷史也證明，陳建有先見之明。清朝政府懲明代宦官專權之禍，設立內務府專管內廷之事，果然強有力地防止了宦官專權局面的產生。

（三）陳建提出了對宗藩制度的改革

明太祖朱元璋實行分封宗室政策，宗室有封地，有兵權，有財權，可過問地方政治。自朱元璋之後，明代皇帝吸取藩王利用實權作

---

69 同上書，頁274。
70 同上書，頁441。
71 同上書，頁318。

叛之教訓，除繼續給予優厚俸祿外，不斷採取收緊政策，由此引發宗
室人口激增。嘉靖初年，宗藩人口過盛已成為重大的社會問題。大臣
們紛紛上疏指出問題的嚴重性。「河南歲賦二百餘萬，而宗室歲祿且
至百萬矣」；「晉府一府，今增郡王、將軍、中尉、儀賓共二千八百五
十餘位，歲支祿八十七萬有奇，舉晉府而他王府可知矣」。由此，出
現了各省嚴重拖欠宗室俸祿的現象。僅山西一省，「王府積欠祿糧至
一百四十七萬八千餘石，舉一省而天下又可知矣」。宗室人員既不能
參加科舉出仕為官，又不能經商贏利以自救，級別較高的尚可算生活
優裕，末支的宗室人員則陷入絕境。「有晨昏進膳惟一餅腹不充饑者
矣，有假息蓬窩無室屋以棲者矣，有不幸沒無棺者矣，有女年四十不
得適人者矣。」[72]

面對如此困境，陳建提出，首先必須解放思想，打破恪守祖訓的
束縛，確立通變思路。陳建說：「《易》窮則變，變則通。使高皇帝復
生，睹此亦必不株守祖訓，而思所以處之，變而通之以盡制矣。」至
於怎樣變，大臣們提出了減俸、節制生育、防止詐冒、允許宗室人員
出仕等辦法。而陳建認為，這些辦法都是眾大臣強加於宗室的，並不
是好辦法，最好的辦法是向宗室攤明困局，讓宗室明白改革的必要
性，自願自覺地接受改革，甚至是宗室提出改革的方案。陳建說：「今
朝廷明知此弊已極而不亟變通者，憚宗藩之怨重，祖訓之違也。愚於
此有一說足以服宗藩之心，使樂從而無怨誹焉。我祖寧朝以來，凡有
事乾親藩者必手書與諸王同議示公也。今此事重大，宜以手書諭告諸
王。」還將諸臣奏疏、戶部收支等實情一併告知：「令其一一計議，共
圖善後之策。如此庶有以平其心，弭其怨，惟吾之所欲為，不敢議朝
廷之薄親藩而違祖訓矣。籌國者試思之。」[73]陳建的建議也有新意。

---

72 《皇明資治通紀三種》，頁400。
73 同上書，頁401-402。

　　此外，陳建確實常有透過現象揭示本質的論述。如對待農民起義，陳建認為農民起義多是官逼民反。正統十三年（1448 年），福建發生鄧茂七起義，陳建就探究了起義原因。當時，福建參政宋彰以萬兩白銀行賄王振，獲升福建左布政使，上任後，「宋彰計營所費，驗屍斂之，貧乏不堪者甚為所迫，於是鄧茂七聚眾為盜，因勢而起，遂不可遏。不兩月間天下震動，浙寇聞風而作，若火燎原，不可撲滅，人心易搖如此」[74]。又如朝廷的升與賞，陳建認為升比賞對國家危害更大。「賞費於一時有限，升費於後日無窮。」尤其封爵世襲更應慎重。陳建又批評：「正統以後，則有大不然矣。王驥麓川之役，封爵升職至萬餘人；天順中，有一衛，官至二千餘人者矣；成化中，天下軍職至八萬餘人；正德中，遂逾十萬矣。」[75]濫封軍職，既消耗國家財政，而將多兵少更直接造成明軍戰鬥力的低下。再如對英宗的評價也能做到客觀公允。陳建對英宗弊政作了嚴厲批判，同時，對英宗晚年似有改悔，做了些好事，也予以充分肯定。陳建說：「我朝自太祖以來皆以妃嬪殉葬，至景泰之薨猶然，迨英宗遺詔始革，自是累朝皆從之。嗚乎！英廟之仁至矣。抑伏觀英廟，以一人之身，而天順中行事與正統大徑庭何耶？蓋英廟初以幼沖嗣位，生長深宮，未諳世故，以故王振得以擅權誤國，天下幾危。及北狩逾年而歸，於是艱難險阻備嘗之矣，人之情偽悉知之矣。暨復登大寶，遂躬親政務，遠屏權奸，精明之治。」[76]如此種種，都反映了陳建的學識。

　　總之，在明代史學家中，陳建可能仍算不上大師一級。他關於史學的重要著作就只有《皇明資治通紀》一種，此書也仍有不少缺陷。最主要的是，以陳建的地位恐怕無法看到歷朝實錄及更多的官私檔

---

74 同上書，頁259。
75 同上書，頁175。
76 同上書，頁317。

案，由此也影響了該書的史料價值。此外，《皇明資治通紀》的文字表達也不夠流暢。不過，正因為陳建長期在民間生活，他用一個最基層官員、最基層知識分子的視角去思考問題，去分析問題，去寫歷史，所以能更準確地反映人民群眾的狀況和要求。筆者認為，《皇明資治通紀》以大膽批判君主專制、揭露官場黑暗和注重探討治亂因果、總結經世治國經驗的特色，在明代眾多史學著作中是獨樹一幟的。

「壬辰之役」中的陳璘

萬曆二十年（1592 年），日本發動侵略朝鮮[77]戰爭，中朝軍民經過七年的艱苦作戰，取得最後勝利，這一事件，史稱「壬辰之役」。在聯合抗倭戰爭關鍵性一役的露梁海戰中，明軍水師提督陳璘率副將鄧子龍和朝鮮水軍統制使李舜臣聯合作戰，徹底擊潰了日軍水師。戰鬥中，李舜臣和鄧子龍均壯烈捐軀，李舜臣成為千萬朝鮮人民心目中的民族英雄，鄧子龍也成為後人景仰的偶像。但是，作為水師主帥，在「壬辰之役」中戰功卓著的陳璘的抗倭事蹟卻是鮮為人知，學術界研究的論著也很少，因此有深入研究的必要。更何況，在戰鬥中他與李舜臣結下的深厚情誼也是中朝人民友好交往的一段佳話。

一　請纓入朝抗倭

陳璘，字朝玉，號龍崖，「原福建上杭人，祖遷翁源」[78]（翁源縣今屬廣東省韶關市），嘉靖二十二年（1543 年），出生於一個殷實富

---

77 此處所說的「朝鮮」，均指當時的朝鮮李氏王朝。

78 〔康熙〕《羅定州志》卷六《太保陳龍崖公傳》，《稀見中國地方志彙刊》第四十七冊，頁1115。

足的農民家庭。嘉靖年間，國家外憂內患，青少年時期的陳璘就有從
軍報國，征戰疆場的大志。他「不事家人產，膂力絕倫，好任俠，結
交多賢豪，相與談劍，講韜略」。嘉靖四十一年（1562 年），廣東潮
州賊張璉嘯聚山林，盤踞閩廣交界的饒平地區。兩廣總督張臬張榜
云：「募驍勇諳兵法者，爵萬戶。」年僅十九歲的陳璘揭榜應徵，並
得到張臬的接見，陳璘「獻策軍門，鑿鑿中款，張公奇之，即署把
總，領兵事」，[79]開始了他的戎馬生涯。

　　陳璘的早期征戰主要在廣東境內。從嘉靖中期到萬曆初年，是明
代廣東社會最動盪的時期。山賊海寇叛亂不斷，一度使明朝中央政府
對廣東的統治近於癱瘓。大臣們不斷驚呼：「朝廷已無廣東矣！」（張
居正：《張太岳集》卷二十三《與殷石汀論吏治》）「嶺表非我版圖
矣！」（張居正：《張太岳集》卷三十一《答兩廣劉凝齋言賊情軍情民
情》）更有些大臣提出：「先朝縣沒於賊，竊據垂八十年」；「彈丸黑子
之地，不足以煩中國」；「更議棄而不守」。（林大春：《平蠻碑》，載黃
宗羲《明文海》卷七）萬曆初年，內閣首輔張居正軍事鎮壓和發展經
濟兩種手法並用，才平定了廣東的叛亂。《明史‧殷正茂傳》中說，
萬曆三年（1575 年），「嶺表略定」。陳璘參與了嘉靖後期至萬曆初年
幾乎所有廣東境內較大規模的平叛戰役，並以勇悍著稱。通過不斷的
南征北戰，陳璘已從一個小小的把總升至都指揮僉事副總兵。《明
史》卷七十六《職官五》中載，又因在平定羅定瑤亂中立功顯著，並
命世守羅定，從而陳璘家族又落軍籍廣東羅定。明朝都指揮僉事副總
兵為正三品，此時的陳璘已是明軍高級將領了。

　　萬曆十三年（1585 年），陳璘被兩廣總督郭應聘、巡按御史羅應

79　〔康熙〕《翁源縣志》卷七《陳大將軍傳》，《稀見中國地方志彙刊》第四十四冊，頁
　　105。

鶴等官員先後彈劾，只得被迫請辭回鄉。自萬曆十三年（1585年）至萬曆二十年（1592年），陳璘在家閒居了七年。

萬曆二十年（1592年），「壬辰之役」爆發，陳璘獲得了重新出山的機遇。萬曆二十年（1592年）四月十三日，日本豐臣秀吉發十六萬大軍侵略朝鮮，迅即攻陷釜山、東萊、金海、漢城、平壤等地，至七月二十二日，日軍先頭部隊已抵中朝邊境重鎮會寧。朝鮮國土大半淪喪，朝鮮國君不斷向中國遣使求救，「請援之使，絡繹於道」。七月，明廷就是否出兵朝鮮問題舉行了多次「廷議」，群臣紛爭不已，大多不贊成出兵。據《明史》卷二百零八《朝鮮傳》載，最後，萬曆皇帝裁決：「朝鮮為國藩籬，在所必爭。」並下令向全國徵集優秀將才。

兩廣總督蕭彥上疏舉薦了粵籍名將陳璘、吳廣等人。蕭彥於《遵明旨舉將材以備任使疏》中盛讚：「陳璘身經百戰，氣雄千夫，雖投閒而不忘裹革之思」；「陳璘之名，於粵最著，而其樹功於粵亦最多。談粵之凤將，無有兩者」。並附帶舉薦了吳廣。「吳廣凤負驍雄，曾經戰鬥，起家行伍，而艱險備歷，既經廢棄，而奮勵益新。」日後，陳、吳二人果然得以並肩入朝，馳騁疆場，名留史冊。萬曆二十年（1582年）八月十四日，兵部向兩廣總督發出起用陳璘專文。著令兩廣總督「馬上差人，守催本官星夜來京，聽候調遣」（蕭彥：《制府疏草》卷下《取用禦倭將官疏》）。並以「熟練海務，向樹倭功，命添注神機七營參將」（《明史》卷二百四十七《陳璘傳》）。

陳璘接令，主動請纓入朝參戰。陳璘說：「卑職自結髮從戎，前後經數百戰，未嘗不身先部曲」；「茲聞倭夷擁眾，突犯遼陽；叛卒構虜，竊據寧夏，勢甚猖獗。此正卑職捐軀報國之會」。陳璘還提出了招募粵兵和在粵購置火器的兩點要求。「璘所習者粵之兵也，所習而用者粵之器也」；「查嘉隆年間，倭犯浙、直、閩、廣，皆是南兵殺敗，自是南兵遂為倭賊所畏。職自狼山罷歸，未敢頓忘圖報，固嘗養

士，亦頗精強，但為數不多，必須添募，乃可啟行」。據蕭彥《制府
疏草》卷下《取用禦倭將官疏》載，兩廣總督蕭彥完全滿足了陳璘的
請求，允許陳璘從舊部精選五百將士，又在廣東購置了充足火器與廣
東藤盔，其餘安家費用、著裝、路費等，一切「加厚給之」。至此，
陳璘組建起一支配備了強大火器、以家鄉子弟兵為主的精悍勇武的
「陳家軍」。

萬曆二十年（1592 年）年底，陳璘趕至北京，立即被任命為京
營三大營中的神樞營右副將。不久「擢署都督僉事，充副總兵官，協
守薊鎮」。「明年正月，詔以本官統薊、遼、保定、山東軍，禦倭防
海。」又據《明史》卷二百四十七《陳璘傳》載，此時，陳璘已做好
了隨時入朝作戰的準備。

但是，陳璘並沒能馬上入朝參戰，反而遭到了兵部尚書石星的舉
報，被革職查辦。萬曆二十年（1592 年）年底，經略宋應昌、左都
督總兵官李如松率明軍四萬餘人入朝。萬曆二十一年（1593 年）正
月，一舉收復平壤，中朝軍隊取得「平壤大捷」。但在隨後的碧蹄館
戰役中受挫，戰爭進入相持階段。遠在朝鮮前方的宋應昌不斷向兵部
發出催促陳璘入朝的請求。[80]而兵部尚書石星卻一心求和，拒絕增加
援兵，並於萬曆二十一年（1593 年）六月將陳璘調回廣東協守潮、
漳。[81]為了徹底摧垮主戰派，石星還不惜舉報，指責陳璘曾向他行
賄，共計：「大紅天鵝絨、大綠天鵝絨各一端，西洋布二端，犀杯二
副，抱龍蘇合丸。」[82]明代中期，武將為謀晉升向兵部官員行賄已是
慣例，廣東來的軍官更多是送些西洋玩物。據談遷《國榷》卷七十七

---

80 宋應昌曾分別於二月初三、十二日、二十三日，三月初二、初六、十一日向兵部尚
　書石星發出調陳璘入朝的請求，見宋應昌《經略復國要編》卷六、卷七。
81 《明實錄・神宗實錄》卷二百六十一《萬曆二十一年六月庚子》條。
82 《萬曆邸鈔》萬曆二十一年癸巳卷十二月。

《萬曆二十五年三門己酉》記載,「天鵝絨」即廣東剪絨。廣東人已學會仿造,「何足為重」。陳璘所送物品價值雖不算高,卻成為石星排斥異己、打擊主戰派的口實,陳璘因此再次丟官。萬曆二十五年(1597 年)二月,和談徹底破裂,豐臣秀吉再次挑起戰爭,陳璘再次獲得出征朝鮮的機會。明朝政府一面將主和派代表石星撤職查辦,一面委任兵部尚書邢玠為總督軍門經理禦倭戰事,徵調大軍入朝,與侵朝日軍決戰。據《明史》卷二百四十七《陳璘傳》載,萬曆二十六年(1598 年)二月,「起陳璘故官,統廣東兵五千援朝鮮」。明朝政府總結多年來與日軍作戰經驗,終於認識到水師的重要性。「圖賊於陸,不患無良將矣。然必樓船絕海,直逼釜山,庶幾扼吭拊背,而後步騎可效夾攻之力,則橫海大帥其重要不減於陸,殆於過之。」[83]《明史》卷二百四十七《陳璘傳》載,萬曆二十六年(1598 年)四月,令陳璘「提督水軍」,「副將陳蠶、鄧子龍,游擊馬文煥、季金、張良相等皆屬焉。兵萬三千餘人,戰艦數百,分佈忠清、全羅、慶尚諸海口」,並令「自鴨綠以南,惟公制之」。陳璘成為入朝明軍水師的最高統帥。

二　立下彪炳戰功

陳璘初次入朝,即獲重任,由此引起了朝鮮君臣的高度重視和種種揣測。朝鮮重臣柳成龍曾向負責與中方聯繫的李德馨、李恒福打聽:「劉提督雖下湖南,必待陳都督水兵齊集,然後協力進剿」,「水軍都督陳璘,名將乎?」李恒福肯定地回答:「名將也。」陳璘至朝,朝鮮國王於「銅雀江岸,餞陳都督璘」,席間,還送了陳璘許多

---

83 《明實錄・神宗實錄》卷三百二十一《萬萬二十六年四月乙卯》條。

禮物。陳璘首先表達了謝意:「不佞是役,自冬徂夏,間關餘七月矣。無非彰皇明字小之仁,恤貴國蒼生之苦。然而逐逐征途,曾無表樹,鄙心誠愧之也。顧辱賢王厚德,接伴之臣並遣,宴享之惠重頒,所以勞遠人,尊皇命者至矣。顧不佞其曷承之?」對朝鮮國王所贈禮物,陳璘說:「不敢自外,拜人參、綿綢、綿紙,餘附歸壁,肅此為謝。」只收下了土特產而辭掉了更貴重的禮物。陳璘對朝鮮國王只提出配合備戰的請求:「外舟師尚缺治器,煩飭當事官員取解硝一萬斤,小瓦罐一萬個,石灰十擔以濟急需。將使頑奴只是不歸,一帆不返,永絕爭桑之患,肅清瀚海之波,斯為報明德耳。並瀝以聞,惟賢王其照之。」[84]又據(康熙)《韶州府志》卷十四喻政《陳大將軍傳》載,陳璘還擊楫盟誓:「不犂闞白庭不已。」還下令:「所領樓船咸以忠心報國旌其上。」可見,陳璘主動要求入朝,實乃以盡忠報國為最高目標。

陳璘也實踐了諾言,迅即展開對日軍的攻勢。陳璘入朝,正值中朝水師遭受「閒山之敗」後不久,朝鮮丟失水師大營,而日軍水師「泛海出沒,官軍乏舟,故得志」。據《明史》卷二百四十七《陳璘傳》載,萬曆二十六年(1598年)七月二十四日,中朝水師在折爾島伏擊日軍取得全勝,朝鮮水師作戰勇猛,擊沉多艘敵艦,一舉收復竹島、鹿島,重新取得戰略主導權,初戰告捷。日軍水師,及見璘舟師,懼不敢往來海中。

次仗則是配合陸路夾擊順天。萬曆二十六年(1598年)年底,在中朝軍隊壓迫下,日軍只能退守至朝鮮半島最南端的三個據點。小西行長守順天、石曼子守泗州、加藤清正守蔚山。另有「水師番休濟

---

84 吳晗輯:《朝鮮李朝實錄中的中國史料》上編卷四十一,中華書局1980年版,頁2505。下引該書同此版本,不再另注。

餉，往來如駛，尤倭係重」。谷應泰：《明史紀事本末》卷六十二《援朝鮮》，《國學基本叢書簡編》，商務印書館（無出版年），第 54 頁。下引該書同此版本，不再另注。邢玠針對日軍部署，陸路也分三軍，西路劉攻順天、中路董一元攻泗州、東路麻貴攻蔚山，而另設水師一路由陳璘統領負責截斷日軍水師的往來增援，並夾擊陸上日軍。十一月初二，劉爭功，單獨發起攻擊，以致失利。十一月初三，劉與陳璘相約夾攻日軍，豈料劉爽約，當陳璘和李舜臣與日軍海上大戰時，劉竟袖手旁觀，按兵不動。部下請戰，被斥退，城上朝鮮內應大呼：「此時倭賊空虛，天兵速入。」劉仍按兵不動，坐失良機。朝鮮使臣李德馨一針見血地指出：「提督（劉）之與水兵不協，則為因初有爭功之心，而終乃處事益錯，尤不勝痛泣。」[85]由於劉的險惡用心，毀約並不出兵，終致陳璘和李舜臣戰鬥失利，陳璘只得暫且退兵。當晚，「璘大怒，馳入營，責以心腸不美。面色如土，歸咎諸將而已」。次日，陳璘率「舟師乘潮而進，則岸上軍已空矣」。陳璘大軍再次陷於孤軍被圍的危險境地。陳璘擊劍發誓：「我寧為順天鬼，不忍效汝退。」[86]因此可見陳璘的英雄氣概。當時，監軍王士琦在南原，聞訊急忙趕至劉大營，「縛其中軍，懼，力戰破之」。陳璘和劉兩軍再次合圍順天。

　　指揮露梁海大戰是陳璘最卓著的功勳。萬曆二十六年（1598年）八月，一手挑起「壬辰戰爭」的日軍最高統帥豐臣秀吉病逝。中朝政府探知，決定趁日軍軍心動搖之際，徹底拔除所有日軍據點。十一月中旬，中朝聯軍總攻順天戰役即將開始。十一月十八日，由島津義弘率領的日軍水師五百餘艘戰艦前來救援，被中朝聯合水師半途攔

85 吳晗輯：《朝鮮李朝實錄中的中國史料》上編卷四十二，頁2550。

86 〔朝〕李舜臣：《李忠武公全書》，《韓國歷代文集叢書》（首爾市：景仁文化出版社，1988年），頁236。

擊，露梁海大戰由此爆發。十八日淩晨，決戰開始。戰前，陳璘下令對敵實施近距離突襲。「諸將卒五鼓銜枚以進，遇敵則舉燈籠為號，爆響則戰。」發起攻擊時，「副將鄧子龍居左，朝鮮大將李舜臣居右，公（陳璘）居中，所居艦最巨，帆高風順，轉盼即抵賊營」。由於退路被截，日軍作困獸之鬥，致使戰鬥異常殘酷。據（康熙）《韶州府志》卷十四喻政《陳大將軍傳》載，日軍見陳璘的指揮艦衝鋒在前，遂將陳璘所乘巨艦團團包圍，日軍蜂擁攀上艦舷，陳璘「手刃之，舟中之指可掬」；「少頃，我舟四至，煙焰蔽空，滄波騰沸，酋大敗」。此役，打得侵朝日軍喪膽。事後，還妄圖極力歪曲事實。《徵韓偉略》的作者，日本人川口長孺也不得不多次承認，中朝聯軍在露梁海大戰的確表現出英雄氣概。川口長孺記述：「我兵乘之擊殺子龍，其從兵皆死。」李舜臣戰死，「李舜臣兄子李芫秘其死，督戰益急」。「鼉、金等亦邀擊我兵，我兵殺鼉及中軍陶明宰，明大兵猶競進。」而日軍水師主帥島津義弘「從兵半死」，狼狽逃逸，其子半途接應，見島津義弘所乘「其舟斫壞，矢著板如蝟毛」，父子倆暗自慶幸逃過一死。[87]露梁海大戰徹底擊潰日軍水師主力，是為「壬辰之役」中取得決定性勝利的關鍵一仗。

乘勝追殲殘敵，取得「壬辰之役」全功。露梁海大戰後，殘餘侵朝日軍潛藏至南海乙山一帶，朝鮮國王對邢玠提出了繼續清剿的請求：「天威所向，次第蕩平，但倭於凶狡有餘，若其餘賊入據南海、巨濟等近陸之地，則甚可慮也。若乘此機會，水陸並進，一舉殲滅，則庶無後患矣。」[88]雖然中朝聯軍在露梁海戰役中已取得決定性勝利，但清剿殘敵的行動仍是一場艱苦的戰鬥。「乙山崖深道險，將士

---

87 〔日〕川口長孺：《徵韓偉略》卷五，《壬辰之役史料匯輯》下冊（北京市：全國圖書館文獻縮微中心，1990年），頁769。下引該書同此版本，不再另注。

88 吳晗輯：《朝鮮李朝實錄中的中國史料》上編卷四十二，頁2567。

不敢進。」夏燮《明通鑒》卷七十一《萬曆二十六年十二月條》載，萬曆二十六年（1598年）十二月初十，「陳璘夜潛入，包圍其巖洞，比明炮發，倭大驚，奔後山，憑高以拒，將士殊死攻之，賊遁走，璘分道追擊，賊無脫者」。在搜捕行動中，還活捉日軍大將平秀政和平正成，二人為歷時七年的「壬辰之役」中被俘的日軍最高級將領。日軍素有「不怕死，以病終為辱，陣亡為榮」之名[89]，平秀政、平正成的被俘，後來被午門斬首，無疑是對日軍士氣一個極其沉重的打擊。《明實錄》載：「朝鮮南海餘倭悉皆蕩絕，東征始收完局。」[90]《明史・神宗本紀》中云：「總兵官陳璘破倭於乙山，朝鮮平。」乙山戰事的結束，標誌著經過七年多艱苦卓絕的鬥爭，中朝軍民取得了「壬辰之役」的最終勝利。

　　露梁海大戰的勝利當然是中朝聯軍英勇作戰的結果，一大批中朝將士甚至獻出了寶貴的生命。但是，作為露梁海大戰的主帥，陳璘在大戰前的正確決策、大戰中的身先士卒與鎮定指揮以及大戰後的不懈追剿，對獲得露梁海大戰勝利都作出了重大貢獻。陳璘在露梁海大戰中的表現得到明朝政府的表彰。主帥邢玠上奏朝廷，特別表彰陳璘。「恩威素孚士卒，忠義可質鬼神，當特升蔭以答殊勳。」[91]監軍給事中楊應文在上朝廷的奏章中說：「陳璘報國誓捐七尺，摧鋒力敵萬人，自攻打倭巢及蕩滅援倭，無慮數十番，而露梁、昆陽、呂善之役，從昏逮明，連連復夜……如此奇跡，史冊所載未能或加。」據（康熙）《韶州府志》卷十四《陳大將軍傳》載，陳璘在露梁海大戰中的表現也獲得了朝鮮君臣的高度評價。露梁海大戰甫罷，朝鮮國王就致帖陳璘表示祝賀：「節下以樓船之師，扼賊於露梁，身先諸將，

89 諸葛元聲：《兩朝平攘錄》不分卷《日本下》，《壬辰之役史料匯輯》下冊，頁196。

90 《明實錄・神宗實錄》卷三百二十九《萬曆二十六年十二月丙子》條。

91 郭棐：《粵大記》，第768頁。

奮勇直前，碎其餘艎，俘斬無算。妖氛廓清，威靈遠暢。蓋小邦被兵
七載，始見斯捷，麟閣第一之功，非節下而誰哉！」朝鮮國王還多次
對邢玠說：「陳大人大捷於海上，皇恩罔極」；「天朝大人莫不盡心於
小邦之事，而陳大人最為力戰」。[92]戰事結束，中朝雙方醞釀留守朝鮮
明軍主帥的人選，朝鮮方面希望：「陳都督可以兼統水陸，留之似
當。」[93]只是後來國內戰事吃緊，又將陳璘調回國內。朝鮮方面的極
力推崇陳璘還引起了其它明軍將領的不快，主帥邢玠考慮方方面面的
因素，不得不出面加以調停。邢玠說：「朝鮮但敘陳璘功則我當參，
朝鮮與三大將之事，則令各將自與國王論辯。」[94]《明史》卷二百四
十七《陳璘傳》載，萬曆二十七年（1599年）年初，明軍班師回
朝，明朝政府論功行賞。「論功，璘為首，次之，貴又次之。進璘都
督同知，世蔭指揮僉事。」最終結果，入朝抗倭的主要將領是人人得
賞。不過，在所有參加援朝抗倭的明軍將士中，只有陳璘得到了最高
榮譽。當時的家鄉父老也以陳璘為驕傲。明代廣東學者郭棐說：「近
有陳將軍璘，勇氣冠軍，赤心報國，掃倭醜以護朝鮮，擒播酋以安巴
蜀，洵桓桓虎臣哉！著之於篇，彼馮盎、侯安都諸人，當斂鋒退舍。
《詩》曰：方叔元老，克壯其猶；又曰：經營四方，告成於王。其陳
將軍之謂耶！」[95]陳璘的地位，當列歷代粵籍名將之首。

三　與李舜臣結下了兄弟情誼

　　從萬曆二十六年（1598年）四月陳璘入朝，到同年十一月十八

---

92 吳晗輯：《朝鮮李朝實錄中的中國史料》上編卷四十二，頁2567。
93 同上書，頁2570。
94 同上書，頁2584。
95 郭棐：《粵大記》，頁769。

日露梁海大戰李舜臣戰死，陳李二人只共事了約七個月的時間，但就在這短短的兩百多天內，陳李二人從相識到相交，直結下生死至交，給後人留下了一段感人的異國兄弟情誼的佳話。

在國內，陳璘就以驍勇善戰出名，善戰者大都較為自負傲慢，入朝抗倭的陳璘也犯有同樣的毛病。入朝抗倭的明軍大多是臨時徵募而來的，臨時徵募的軍隊大多軍紀散漫，陳璘統領以粵籍為主體的水師也不例外，侵擾朝鮮百姓的事情時有發生。起初，朝鮮君臣並不看好陳璘與李舜臣能融洽合作的前景。陳璘入朝，朝鮮國王與眾大臣設宴款待陳璘，宴散送於青坡野，正好遇上陳璘部將毆打朝鮮地方官員，「以繩係察訪李尚規頸，曳之流血滿面，譯官勸解不得」。朝鮮重臣柳成龍對眾官員說：「可惜李舜臣軍又將敗矣。與璘同在軍中，掣肘矛盾必侵奪將權，縱暴軍士，逆之則增怒，順之則無厭，何由不敗？」眾官員紛紛表示贊同，「相與嗟歎而已」，並得出「璘性暴猛，與人多忤，人多畏之」的結論。[96]豈料，柳成龍與眾官員的預言統統落空，日後陳璘與李舜臣不僅可以合作，而且合作得非常之好，堪稱中朝軍隊友好合作的典範。

陳璘與李舜臣的初次相識，是從李舜臣巧勸陳璘約束明軍軍紀開始的。李舜臣聞獲陳璘將至，「預令軍人大畋漁，積鹿豕海物，備千甕酒以待之」；「至則備威儀遠迎，大設宴犒，璘甚喜，士卒皆沾醉」。陳璘及其手下都說了一堆李舜臣的好話。但是，到了安營紮寨時，明軍的惡習又發作了，到處搶掠百姓財物。李舜臣並沒有派兵阻攔，也沒有跑到陳璘面前告狀，而是下令「軍士毀屋廬，搬衣囊下船」，做離開狀。陳璘聞之，派人訊問緣由。李舜臣回答：「天兵之來，如仰父母，今見暴掠，士卒不堪，各自逃避他島，我為大將，豈

---

96 〔朝〕柳成龍：《懲毖錄》卷四，《壬辰之役史料匯輯》下冊，頁428-429。

能獨留？」一則陳璘初來乍到異國，亟需李舜臣的配合支持；二則擄掠百姓始終是有違軍紀。於是，陳璘遂造詣李舜臣大營懇請挽留。李舜臣提出：「天兵以陪隸視我人即無忌憚，幸許以便宜禁斷，則兩軍無事矣。」陳璘完全答應了李舜臣的要求。由此，李舜臣負責起監督兩軍軍紀的責任。據說，「天兵犯法，舜臣輒治之，天兵畏舜臣過於璘」。[97] 嚴明的軍紀為中朝軍隊取得最後勝利奠定了基礎。在平時，陳璘與李舜臣處處互相謙讓，互相敬重，和諧相處。陳璘水師在入朝後與李舜臣水師第一次協同作戰的折爾島伏擊戰中，李舜臣統領的水師俘敵斬首一批，而明軍一無所獲，陳璘大怒，責罵部下無能，作戰不力。李舜臣見狀進言：「大人來統我軍之捷，即天兵之捷，何敢私焉？謹納所獲，願大人悉以奏聞。」[98] 遂送上敵人首級四十，記於陳璘軍功名下。 後有人據此對陳璘接受贈予首級行為頗多非議。其實，陳璘與李舜臣的行為似都符合古代士大夫的行為規範，看看李舜臣所言，我們如再妄加褒貶，豈非度量、見識都不及古人？為報答相知，陳璘曾嘗試勸李舜臣入明朝為官。陳璘說：「公非小邦人，若入仕中朝，當做天下上將。」[99] 陳璘和李舜臣又互贈詩詞，表達彼此敬慕之心和愛國之情。陳璘賦詩二首云：「堂堂又赳赳，微子國應危；諸葛七擒日，陳平六出時。威風萬里振，勳業四維知；嗟我還無用，指揮且莫辭！」「不有將軍在，誰扶國勢危？逆胡驅囊日，妖氛卷今時。大節千人仰，高名萬國知；聖皇求如切，超去豈終辭！」李舜臣也和詩二首云：「賴天子勤恤，遣大將扶危；萬里長征日，三韓再造時。夫君元有勇，伊我本無知；只擬死於國，何須更費辭！」「若向中朝去，箕子外國危；南蠻更射日，北狄又乘時。全節終須報，成功

---

97 〔朝〕李舜臣：《李忠武公全書》，頁234。

98 同上。

99 同上書，頁35。

豈可知;平生心已定,此外更何辭?」[100]李舜臣在詩中表達了盡忠報國的決心,又婉言謝回了陳璘的好意。陳璘見勸歸明朝無效,又上書明朝皇帝,盛讚李舜臣人品、功績,並替李舜臣請封。萬曆皇帝接受了陳璘的建議,賜李舜臣九疊篆文銅鑄都督印,並賜權杖、鬼刀、斬刀、督峨旗、紅小令旗、藍小令旗、曲喇叭,號稱「八賜」。李舜臣置之「軍中聳賜,國人榮之」[101],是李舜臣引以為榮之物。據《明史》卷六十八《輿服四》載,如此高規格的都督印,只有「領敕而權重者」才頒給的,「雖宰相行邊,與部曹無異」。此外,在日常相處的一些禮節上,陳璘與李舜臣也自覺互相禮讓。陳璘言「必稱舜臣為李爺」[102],「出則與舜臣並轎,不敢先行」[103]。最終,陳李二人「結為兄弟」[104]。

當然,即使是親兄弟之間也有矛盾,也會有衝突,更何況是各為其主的異國盟兄弟。在聯合抗倭的過程中,陳璘與李舜臣也曾有過激烈的矛盾衝突,但李舜臣以自己的忠誠直言、膽識才幹讓陳璘佩服,而陳璘也有雅量,從善如流。綜觀二人交往的全過程,陳璘與李舜臣基本上能做到一致抗倭,精誠合作。

陳璘入朝,急於建功,將劍指何方?陳璘與李舜臣就有過不同的意見。陳璘提議先攻打已投降倭寇的朝鮮人「南海之賊」,因為「南海皆是被擄之人」,被迫替日軍賣命,戰鬥力自然低下,「今往封之,則不勞而多斬」。李舜臣則爭辯:「皇上之所以命討賊,欲救小邦人命也,今不刷還,而反加誅戮,恐非皇上本意。」李舜臣的直言激怒了

---

100 同上書,頁386。

101 同上書,頁235。

102 〔朝〕李舜臣:《李忠武公全書》,頁235。

103 〔朝〕柳成龍:《懲毖錄》卷四,頁429。

104 〔朝〕李舜臣:《李忠武公全書》,頁389。

陳璘，陳璘威脅道：「皇上賜我長劍。」李舜臣大聲回答：「一死不足
惜，我為大將，絕不可舍賊而殺我人。」[105]爭論的結果，是陳璘採納
了李舜臣的意見，決定首先攻打日軍精銳小西行長部。

在十一月初三晚攻打順天小西行長部的戰鬥中，陳璘與李舜臣就
已經是同舟共濟、共同進退了。戰鬥「自初昏戰至二更，李舜臣以潮
退告璘，璘意氣力銳，督戰益急，曰今夜盡賊乃還」。[106]但陳璘並不
熟悉朝鮮海潮規律，突然海潮驟落，明軍水師有十九艘戰船擱淺於淤
泥之中。日軍迅速從四面圍攻，情況萬分危急。李舜臣毅然出手相
救。「發七船，多載戰具及武士，擇將送之。」並囑咐領隊：「賊見掛
舟必欲乘機並取，汝等但力戰自保，潮至即還。」[107]明軍水師在朝鮮
水師的大力支持下，一直堅持到潮退，最後改乘朝鮮船隻得以全身而
歸。不過，此役的明軍水師戰船盡數被焚。吃一塹長一智，此後，陳
璘在決策之前就更重視聽取李舜臣的意見了。

露梁海大戰決戰地點的選擇也聽取了李舜臣的意見。當時，陳璘
和劉兩軍已合圍順天小西行長部。小西行長派人乘小艇潛出請援，李
舜臣獲知，迅速與陳璘商議。李舜臣說：「賊此去，必刻期請援，潛
通號令，諸賊不日當至。我若在此應之，則腹背受敵，吾眾立盡。不
如移兵大洋決一死戰。」[108]陳璘完全採納了李舜臣的意見，移師大
洋，避免了兩面作戰，為取得露梁海大戰的勝利選擇了最合適的地
點、最恰當的時機。這是陳璘與李舜臣英明決策的結果。

在露梁海大戰中，陳璘與李舜臣更表現出患難與共、生死相交的
兄弟情誼。惡戰在即，陳璘致函李舜臣曰：「吾夜觀乾象，晝察人

105　〔朝〕李舜臣：《李忠武公全書》，頁501。
106　同上書，頁236。
107　同上書，頁498。
108　同上書，頁240。

事，東方將星將病矣。」勸李舜臣仿諸葛亮祈禳避禍。李舜臣在回陳
璘的信中說，論武、德、才，我都不及諸葛亮，「雖用武侯之法，天
何應哉？」[109]表達了視死如歸的決心。在戰鬥的過程中，李舜臣是為
掩護陳璘脫險而戰死的。據陳璘說：「露梁之戰，統制前鋒，舳艫幾
陷，我且汝衛，而既脫了虎口，賊由是失銳，徐且戰以且卻，遂禽獮
而草薙。余謂統制可免危夫斯禍，孰知中流矢而捐逝。」[110]李舜臣後
人編輯的《李忠武公全書》卷十三《記實》所載更為詳細。大戰中，
「舜臣親自援桴先登，賊圍舜臣急，璘犯圍直入救之，賊又圍璘船，
舜臣亦沖圍而進，合力血戰」；「賊酋三人坐樓船督戰，舜臣盡銳攻
之，射殪一酋，賊皆舍璘來救，璘遂得出，與舜臣軍合發虎蹲炮，連
碎賊船而飛丸中舜臣左腋。」李舜臣陣亡另有為救鄧子龍一說。此說
出自於萬曆年間會稽人諸葛元聲私撰的《兩朝平攘錄》，並為《明
史·鄧子龍傳》所承襲。雖然《明史·鄧子龍傳》一說影響較大，並
至今為大多數中國史家所採用，但我們從史源學方面作比較，當事人
所言以及當事人後人所記，其可信程度應該是較高的，李舜臣確是為
掩護陳璘脫險而戰死。

　　陳璘痛悼李舜臣更是至為感人的一幕。史載，當時戰鬥仍正酣，
陳璘「始聞其死，從椅上自投於地，曰：吾意老爺生來救我，何故亡
耶？拊膺大慟，士軍皆哭，聲震海中」[111]。李舜臣發喪，陳璘親致悼
詞，其中曰：「顧今境土既歸，大仇已復，緣何猶踐夫素屬？嗚呼統
制，該國凋殘，誰為與理？兵戎狼狽，誰為振起？豈為失祈父之爪
牙，且喪令鮮之面雉。緬懷及此，詎不流涕？靈魂不昧，鑒是泥
沚！」真情流露，催人涕泣。祭畢，邢玠已差官立等陳璘進王京，陳

---

109 〔朝〕李舜臣：《李忠武公全書》，頁395。
110 同上書，頁323。
111 〔朝〕柳成龍：《懲毖錄》卷四，頁434。

璘無暇替李舜臣守喪，只得起程。臨別，陳璘又送李舜臣子侄白銀數百兩，並答應向朝鮮國王舉薦，而邢玠和陳璘也確實建議朝鮮國王錄用李舜臣子侄。[112]

比較陳李二人，我們就會發現他們之間實在有許多的共通之處。他們都堅信忠君愛國的理念，他們都曾在戰場上出生入死立下赫赫戰功，他們都是性情豪放的將軍又都略有文采，他們都有報國抱負卻又屢遭姦佞排斥而數上數下，甚至他們都把子侄親友帶到抗倭戰場，等等。當然，他們也有差異。以人品論，李舜臣在官場中能潔身自好。據說，李舜臣下獄，獄吏索賄並許諾可以免死，遭李舜臣嚴詞拒絕：「死則死耳，安可違道求生？」[113]陳璘的品質則達不到這種境界。正如《明史》卷二百四十七《陳璘傳》所評論：「璘有謀略，善將兵，然所至貪黷。」陳璘貪污的惡名恐怕是無法洗脫的了，但是否「貪黷」則未盡然。退一步講，在滿朝文武貪黷盛行的情況下，陳璘也不可能不貪。據說，陳璘在萬曆二十五年（1597 年）復出時，當時的內閣大學士張位就曾向赴朝主要將領索賄，其中陳璘是「銀一萬兩，大珠六百顆」。[114]陳璘不貪，又如何應付上級的索求。總之，在抗倭第一的共同理想支配下，面對強敵需要互相支持的前提下，陳璘的貪欲有所剋制，李舜臣為官原則也變通一下，求同存異，他們最終成為異國至交。

四 餘話

《明史》卷二百四十七《陳璘傳》載，萬曆二十七年（1599 年），陳璘遵命回國。隨後，陳璘又繼續在國內南北征戰，屢立戰功，最後

---

112 吳晗輯：《朝鮮李朝實錄中的中國史料》上編卷四十三，頁2566。

113 〔朝〕柳成龍：《懲毖錄》卷四，頁437。

114 《萬曆邸鈔》，萬曆二十六年戊戌卷四月。

官至左都督廣東總兵，萬曆三十五年（1607年）卒於任上，時年六十四歲，獲贈太子太保。陳璘死訊傳至朝鮮，朝鮮方面派出專使前來弔祭。據（康熙）《韶州府志》卷十六朝鮮國陪臣《奉祀陳大將軍》載，朝鮮使臣賦詩：「前身楊僕將舟師，磈磊黃金笑出奇；此日謳歌窮海沸，當時髫白滿車隨。丹青彷彿還多事，文字揄揚亦一時；惟有終南與江漢，千秋不盡小邦思。」此詩寫得非常好。「文字揄揚亦一時」，是說當時朝鮮國內對陳璘的評價已是不一；「丹青彷彿還多事」，是說對陳璘評價的爭論還可能繼續。但畢竟陳璘的的確確在「壬辰抗倭」戰爭中曾披堅執銳、衝鋒陷陣、出生入死，陳璘長子陳九經也在露梁海戰中犧牲了，明軍將士捐軀朝鮮者更是難以枚舉。所以，「惟有終南與江漢，千秋不盡小邦思」，說明詩作者的見識頗高。

明清易替，陳璘孫、陳九經子陳泳漆因無法接受明朝滅亡的現實，「故自南乘舟浮海，漂到於東國之南海，子孫世居於海南山二皇朝洞，乃建祠宇，春秋奉享焉」。[115]作為第一代移居朝鮮的明朝陳氏遺民，陳泳漆也被稱做「東來祖」。陳璘的妹夫杜師忠則是另一位「東來祖」。萬曆二十五年（1597年），杜師忠攜二子追隨陳璘入朝，立有戰功。明軍回國，杜師忠及兒子留在朝鮮，入籍朝鮮，定居大邱桂山洞，後獲李氏王朝封「通訓大夫奎章閣直閣」，敕建家廟「慕明齋」。筆者曾親訪其地。至今存有廬舍一座，門額「萬東門」，園中立有李舜臣第七代孫李仁秀題撰的《杜師忠神道碑》。堂上有李舜臣題詩，詩曰：「北去同甘苦，東來共死生；城南他夜月，今日一杯情。」也可以印證陳李友誼不單單是兩位長輩，而是及於兩家親友子侄。後山有杜師忠墓，為明代遺跡。今天，韓國政府把整個與杜師忠有關的遺址列為文物保護單位。相傳杜師忠還是唐代詩聖杜甫的後裔。[116]

---

115 尚玉河：《明朝將領陳璘的後裔在朝鮮》，《東方世界》1985年第4期。

116 參考韓國大邱廣域市印製慕明齋旅遊宣傳單張。

中國軍隊以及陳璘等中國將士在「壬辰之役」中，為打敗倭寇所做出的犧牲與貢獻一直受到朝鮮李氏王朝的充分尊重。今天有韓國學者研究與此有關的問題，表明對這段史實的充分重視。清代所建紀念明朝援朝抗倭死難將士，以及紀念在明清易替過程中明朝遺民移居朝鮮始祖的廟宇祠堂遍及朝鮮半島，陳璘與李舜臣結下的兄弟情誼也得以發揚。

袁崇煥的死因

袁崇煥是明末最傑出的抗清將領。但袁崇煥之死，非得其所，他不是馬革裹屍，戰死沙場，而是在崇禎帝的屠刀下喪生，遭千刀萬剮之極刑。袁崇煥為什麼會被崇禎帝殺死呢？研究它，不僅有助於瞭解明清之際在戰場外的政治鬥爭，而且有助於瞭解明末激烈的黨爭對戰事的影響，還有助於瞭解明亡的原因。

一 崇禎帝中清皇太極反間計是袁崇煥之死的直接原因

袁崇煥曾是清兵入關、入主中原的最大障礙。明萬曆四十六年（1618 年），清太祖努爾哈赤以七大恨誓師攻明，四年之後，即天啟二年（1622 年），清兵鐵騎已席卷全遼。撫順失守，開源、鐵嶺失守，瀋陽、遼陽失守，明廷關外要塞蕩然無存。在這四年中，遼東主將楊鎬敗潰，繼任的袁應泰、熊廷弼、王化貞等亦皆因兵敗捐軀。面對清兵強大的軍事攻勢，據張岱《石匱書後集》卷十一《袁崇煥列傳》載，明朝的文武百官「言及遼事，皆縮朒不敢任」；只有袁崇煥，「振臂請行」，並「創言，守關當於關外守之」。天啟六年（1626 年），遼東經略高第下令盡撤關外要塞，又是袁崇煥單獨抗命，堅持

留守寧遠，擊退了清兵對寧遠的反覆圍攻，並致努爾哈赤重創，取得了明廷自明清開戰以來的第一次重大勝利。天啟七年（1627年），袁崇煥堅守錦州，再次打敗了新繼位不久的清皇太極親率大軍的進攻，打破了「清兵不可戰勝」的神話。崇禎元年（1628年），袁崇煥升任兵部尚書，督師薊遼，肩負起抗清復遼的重任。《明史》卷二百五十九《袁崇煥傳》載，袁崇煥充分發揮了明軍的長處，採取了「以遼人守遼土，以遼土養遼人。守為正著，戰為奇著，和為旁著」，以及築城、置炮等正確的戰略策略，築起了一條從寧遠到山海關，包括錦州、塔山、松山、杏山、大小淩河等重鎮在內的堅固戰線。有了這條戰線，清兵即使能從其它地方入犯，「然終有山海關控扼其間，則內外聲勢不接」[117]，明兵不僅可以乘敵空虛擾其後路，甚至威脅清朝的都城瀋陽，從而有效地抑制了清兵的進攻。清兵要入主中原，非得摧毀這條戰線不可，但有袁崇煥在，這個企圖就難以實現。

　　皇太極一時無法通過戰爭打敗袁崇煥，便決定施反間計把這個勁敵除掉。崇禎二年（1629年）十月，皇太極有意避開寧錦防線，繞道內蒙古，突襲北京。袁崇煥時值關寧，聞訊馬上回援。十一月十六日，袁崇煥部及清兵前哨先後抵達京郊。這種情況，引起了輿論大嘩。《明史》卷二百五十九《袁崇煥傳》載：「都人驟遭兵，怨謗紛起，謂崇煥縱敵擁兵。朝士因前通和議，誣其引敵脅和，將為城下之盟。」崇禎帝聽了這些傳說及謠言，頓起疑心。皇太極及時捕捉住這一有利時機，施計反間。據清人蔣良騏《東華錄》記載：「先是，獲明太監二人監守之。至是，副將高鴻中、參將鮑承先遵上密計，坐近二太監，故作耳語云：『今日撤兵計也。頃上車騎向敵，有二人來

---

117 魏源：《聖武記》卷一《開國龍興記三》（北京市：中華書局，1984年），頁32。下
　　引該書同此版本，不再另注。

見，語良久乃去，意袁巡撫有密約，事可立就矣。」時楊太監者，佯
臥竊聽。庚戌，縱之歸。」[118]《明史》卷二百五十九《袁崇煥傳》
載，楊太監回去後，「奔告於帝，帝信之不疑。十二月朔再召對，遂
縛下詔獄」。崇禎三年（1630年）八月，以通敵叛國大罪，「磔崇煥
於市」。這就是人們通常所說的，崇禎帝中反間計誤殺袁崇煥。

應當肯定，崇禎帝殺袁崇煥與中皇太極反間計有直接關係，但
是，事情看來並不僅僅是這樣。只要我們細心地通觀此案的全過程，
就會發現有幾個問題是值得我們深思的。

首先，崇禎帝抓袁崇煥並沒有馬上就把他殺了，而是關押了八
九個月之久。此間，有許多人為他說情。據近人梁啟超先生粗略統
計：案發後，輔臣周延儒、成基命曾各自上疏搭救，總兵官祖大壽以
官階贈蔭請贖，兵科給事中錢家修請以身代，御史羅萬壽為他申辯，
布衣程本直詣闕呼冤。關外將吏士民號哭雪冤者，「願以身代者未嘗
絕」[119]。而崇禎帝不僅絲毫不為所動，還處死程本直、逮羅萬壽下
獄，並不准其它人再為袁說情。崇禎帝不顧真相未明，證據不鑿，憑
楊太監一面之詞，就定袁崇煥通敵脅和、叛國大罪，非殺袁崇煥不
可。這到底為何！

再者，袁崇煥已用自己的忠勇行為證明了並沒有通敵脅和。據張
岱《石匱書後集》卷十一《袁崇煥列傳》載，早在這次清兵入關騷擾
的半年前，袁崇煥曾三疏嚮明廷報告，其中說：「臣守寧遠，寇被臣
創，決不敢侵犯臣界。只有遵化一路，守戍單弱，宜於彼處設一團練
總兵。」崇禎帝接報告，轉兵部著議。兵部沒重視袁崇煥的意見，採
取有效措施，致使清兵得以從此長驅直入。袁崇煥表奏在前，清兵入

---

118 蔣良騏：《東華錄》卷二，（北京市：中華書局，1980年），頁26。
119 梁啟超：《飲冰室合集・專集》之七《袁崇煥傳》（北京市：中華書局，1989年）。

關在後，崇禎帝也曾披閱奏摺，袁崇煥有否通敵脅和，崇禎帝心中應該有數。在眾人的救疏裏也紛紛指出這一事實，崇禎帝更不會不知曉。袁崇煥貼身護衛周文郁在《邊事小紀》中也說：京郊戰鬥，袁崇煥親自衝鋒陷陣，身上中箭之多「兩肋如蝟，賴有重甲不透」。崇禎聞後，多次平臺召見，「賜御膳及貂裘」，以示恩寵。更重要的是，袁崇煥下獄後，部將祖大壽懼並誅，「毀山海關出，遠近大震」[120]。關寧大軍是明軍之精銳，祖大壽部逃回寧遠，京城被清兵包圍，形勢異常危急。袁崇煥得知後，並沒有以此脅迫崇禎放他，反而親書祖大壽，令其率師返回京郊，抗擊清兵。祖大壽接書後，馬上回師，收復永平、遵化一帶，逐清兵於關外。袁崇煥此舉以國家利益為上，深明大義，足以表明他並沒有引敵脅和。崇禎帝耳聞目睹了這一切，可他還是下決心處死袁崇煥。一旦清兵退出關外，關寧大軍漸受控制，內外危機稍有緩和，崇禎帝就舉起了屠刀。這又是為什麼？這僅僅是誤中反間計嗎？當然，這裏面可能有崇禎帝後來知道抓錯袁崇煥，但為了保持聖上英明拒不承認的成分。但是，我更傾向於認為，開始是有誤中反間計把袁崇煥抓起來的可能，可後來除掉袁崇煥則是有預謀的，是袁崇煥的所作所為與崇禎帝加強獨裁統治的要求相衝突的結果；否則，崇禎不會在真相已漸清楚的情況下，把一個他曾寄予極大希望的大臣、重臣殺掉。

二　袁崇煥的行為與封建專制制度的矛盾是他被處死的根本原因

　　要瞭解袁崇煥的死因，就必須瞭解袁崇煥所處的歷史環境。

　　明代是我國封建專制制度發展的一個重要階段。在這個階段裏，

---

120 夏燮：《明通鑒》卷八十一，第623-624頁。

封建皇權得到了空前的加強。《明史》卷三百零四《宦官傳序》載，明初，朱元璋、朱棣等皇帝就曾採取了一系列極端的措施來加強皇權。其主要的措施有：廢丞相，罷中書省；選殿閣大學士，組成內閣，閣臣充當皇帝顧問；對大臣實行廷杖制度，進行恐怖統治；重用太監，建立廠衛特務機構，給太監以「出使、專征、監軍、分鎮、刺官民隱事」的權力。《明史》卷三百零四《宦官傳序》載，明中期，太監更取得了「照閣票批朱」的大權，司禮監秉筆太監的權力，竟「居內閣上」。這些措施，都主要地體現在如何削弱大臣權力和把一切軍政大權集中到皇帝一人手上。

但是，事物正如唯物辯證法所認為的一樣，「物極必反」。皇權的不斷加強，作為皇帝私屬的太監的權力也在不斷上升，而大臣權力則在不斷削弱，遇上皇帝是昏庸無能之輩，那就極有可能出現太監專權的局面。明中後期的政局就是如此。正統以後，太監專權的格局逐漸形成。到了袁崇煥出仕時，太監專權發展到了高峰，即臭名昭著的魏忠賢專權時期。天啟年間，熹宗皇帝不理朝政，奏章悉交魏忠賢審閱，魏忠賢因此得勢。魏忠賢內結皇帝乳母客氏，外收東林黨的反對派作羽翼，結成了閹黨。為了獨霸朝政，他們對當時較為清廉正直的東林黨人進行了殘酷迫害。《明史》卷三百零五《魏忠賢傳》載，「凡忠賢所宿恨」，必逐出朝廷，「雖已去，必削籍，重或充軍，死必追贓，破其家」。他們還把楊漣、左光斗、魏大中、袁化中、周起元、高攀龍、周順昌等一批朝廷大臣、宿臣俱迫害至死。一時間，朝中大小百官爭相奉承魏忠賢，或爭請為魏忠賢立生祠，或爭請以魏忠賢配孔子。朝政把持在魏忠賢一夥手上。「內廷外朝，止知有忠賢，不知有陛下（指熹宗）。」[121] 又《明史》卷三百零五《魏忠賢傳》載：「天

---

121 托津編，印鸞章校：《明鑒》卷十四（上海市：上海書店，1984年），頁553。下引　該書同此版本，不再另注。

下皆疑忠賢竊神器矣。」朱明皇帝的權力受到了極大損害。

崇禎即位，一方面，用果斷的手段除掉魏忠賢，並公佈了閹黨的罪惡，詔定逆案；另一方面，他起用了東林黨人，組織了東林黨內閣，朝政一時較為清明，頗有一番「中興君主」的風度。後人對崇禎帝此舉評價也很高。其實不然。我們應該看到，崇禎帝打擊閹黨，是因為閹黨勢力已嚴重危及皇權，其目的只是奪回已經失去的、至高無上的權力。有朝一日，他感到閹黨對皇權的威脅減弱了，他就馬上把主要精力放在對付大臣們上，防大臣權重甚於消除閹黨餘孽。事情的發展就是如此。轉眼間，崇禎就整天疑神疑鬼，深恐大臣們結黨結幫。據《明史》卷三百零五《張彝憲傳》載，他今天革這個大臣的職，明天罷那個大臣的官，在位十七年，「輔相至五十餘人。其克保令名者，數人而已」。到了後來，他更委心太監。於是，「中璫勢復大振」，「幾於手握皇綱」。輔臣們連「身被彈擊，猶忍辱不言」。「中興之象」全毀。最後，崇禎只好與太監王承恩相對無言，縊死煤山。崇禎寵信太監的做法毫不遜色於乃兄乃祖。

這就是袁崇煥生活的時代背景。很顯然，在這種環境下，袁崇煥如能做到謹小慎微的樣子，或長於奉承迎合崇禎，那還有善終的可能。恰恰相反，處於政治權力鬥爭中心的袁崇煥，性格是豪放激昂的，經歷是轟轟烈烈的，與閹宦的鬥爭是旗幟鮮明的。為了國家利益，抗擊清兵，他甚至敢於抗命上司，得罪權貴。矛盾衝突就是從此開始的。據《明史》卷二百五十九《袁崇煥傳》載，「袁崇煥，字元素，東莞人。萬曆四十七年（1619 年）進士。授邵武知縣」；天啟二年（1622年），以其曉知阨塞情形，提為寧前兵備僉事；天啟三年（1623 年），進兵備副使，再進右參政；天啟六年（1626 年），任右僉都御史；同年，出任遼東巡撫，併兼兵部右侍郎；後因魏忠賢排斥而辭官，雖引退了，卻獲得了極大的聲望。天啟七年（1627 年），魏忠賢伏誅，

崇禎帝馬上提拔他為右都御史,「視兵部添注左侍郎事」。崇禎元年
（1628年），「命以兵部尚書兼右副都御史,督師薊遼,兼督登、萊、
天津軍務」。崇禎帝復遼心切,還指令戶、工、吏、兵四部尚書要
「事事相應」。並收遼東將領王之臣、滿桂的尚方劍,專賜崇煥,「假
之便宜」。還撤去遼東巡撫、登萊巡撫二職,讓袁崇煥獨自主持整個
遼東戰事。

短短十年,袁崇煥從一個小小知縣升為全國軍事首腦。此時,袁
崇煥的實權也超過了明清開戰以來歷任遼東督師的權力,達到了空前
膨脹的程度。權重震主,名高妨君,袁崇煥手中的權力達到頂峰的時
候,也正是他處境最危險的時候。據《明史》卷二百五十九《袁崇煥
傳》載,危險還非止此端,連袁崇煥自己也知道:「事任既重,為怨
實多。諸有利於封疆者,皆不利於此身者也,況圖敵之急,敵亦從而
間之。」袁崇煥當時的情況是,表面上受皇上的恩寵,群臣的頌揚;
而實際上,暗地裏卻布滿了陷阱,充滿了殺機。

袁崇煥擅殺毛文龍的行動激化了這些危機。《明史》卷二百五十
九《袁崇煥傳》中云:毛文龍「其人本無大略,往輒敗衂,而歲糜餉
無算;且惟務廣招商賈,販易禁物,名濟朝鮮,實闌出塞,無事則鬻
參販布為業,有事亦罕得其用」。工科給事中潘士聞、尚寶卿、量茂
忠都曾彈劾他。袁崇煥開始也曾勸他引退,而他反視袁崇煥為軟弱可
欺,益發驕橫。因此,殺他是有一定理由的。但毛文龍畢竟是「累加
至左都督,掛將軍印,賜尚方劍」,獨鎮一方的總兵官。袁崇煥先斬
後奏,充分顯露出他辦事果敢決斷的作風。其實,袁崇煥辦事風格歷
來如此。任寧前兵備僉事時,他「薄在晉（原上司）無遠略,不盡遵
其令」。主持寧遠築城時,他「嘗核虛任,立斬一校」,連十分賞識他
的孫承宗也責備他:「監軍可專殺耶?」《明史》更點明:「其果於用
法類此。」努爾哈赤死,他派人前去弔唁,與清皇太極書信來往,商

談和議，連這樣重大的事情竟也敢單獨行事，使「中朝不知」。甚至熹宗皇帝「頻旨戒諭。崇煥欲藉是修故疆，持愈力」。這次復出，地位、實權、名望更是今非昔比，加上年壯氣盛，年僅四十四歲[122]，官場經歷不多，更滋長了他這種性質的發展，終於幹出了擅殺毛文龍的事情來。

袁崇煥擅殺大將，引起了崇禎帝極大的恐懼。據《明史》卷二百五十九《袁崇煥傳》記載：「帝驟聞，意殊駭。」不僅崇禎帝感到驚駭，「天下聞之，詫為奇舉」。明末史學家談遷在《國榷》卷九十《崇禎二年六月戊午》中肯地指出：「袁氏身膺不道之罰，則殺島帥，適所以自殺也。」談遷已看出，袁崇煥此舉與崇禎帝加強皇權的要求相悖，必因此惹上殺身之禍。《明史》卷二百五十九《袁崇煥傳》載，崇禎帝當時沒有立即除掉袁崇煥，只因為「念（文龍）既死，且方倚崇煥」，也因為袁崇煥在寧遠軍中深得人心，目下手握重兵，離開京城，鎮守要地，只好「憂旨褒答」，命其「安心任事」，等待時機再行除去。通觀崇禎帝在位十七年間處理大臣的手法，這樣判斷，恐怕不致有誤。

袁崇煥的帶兵方法更促使崇禎帝下決心殺他。袁崇煥手下的精兵多從廣東、廣西募來，而袁崇煥祖籍是廣東東莞，出仕在廣西藤縣，這些兵將與袁崇煥有著特殊的感情。袁崇煥辦事幹練，賞罰分明，作戰勇敢，身先士卒，在將士們心目中享有極高的威信。袁崇煥下獄後，其部將祖大壽、何可綱率數萬關寧嘩變。「都司賈登科賚論大壽」，祖大壽拒不從命；「孫承宗亦令游擊石柱國馳撫諸軍」，袁軍將士竟「持弓刀相向」。[123]及袁崇煥手書一到，袁軍即刻回師，逐清兵

---

122 據王鍾翰：《清史新考》（瀋陽市：遼寧大學出版社，1997年，頁115）推算，崇禎元年袁崇煥為四十四歲。

123 夏燮：《明通鑒》卷八十一，頁624。

出關外。將士們只知有袁督師而不知有崇禎帝，袁督師的一紙手令竟
比聖旨還能奏效，這還了得？這是歷代皇帝之大忌啊！崇禎帝豈能容
忍這種情形。即使袁崇煥沒有引敵脅和的真相已漸明白，但僅此一
點，崇禎帝又怎能放了他呢？袁崇煥又豈能免得了一死呢？「諸有利
於封疆者，皆不利於此身者也」，不幸言中，袁崇煥死期已至。

三 袁崇煥之死與明末閹黨東林黨之間的激烈黨爭也有直接關係

袁崇煥雖不是東林黨人，但與東林黨有著十分密切的關係。

一手提拔袁崇煥的是孫承宗。據《明史》卷二百五十九《袁崇煥
傳》載，孫承宗任兵部尚書兼東閣大學士出巡寧遠時，「集將吏謀所
守。閻鳴泰主覺華，崇煥主寧遠，在晉及張應吾、邢慎言持不可」。
孫承宗仔細分析，權衡利弊後，力排眾議，「竟主崇煥議」。談遷《國
榷》卷八十六《天啟四年二月戊申》又載，孫承宗還極力向熹宗皇帝
推薦說：「臣願用袁崇煥、劉詔之殫力瘁心以急公，不願用腰纏十萬
之逋臣，閉門誦經之孱膽。」據《明史》卷二百五十九《袁崇煥傳》
載，在孫承宗的支持下，袁崇煥築寧遠城，一年大見成效，「遂為關
外重鎮」。「崇煥勤職，誓與城存亡；又善撫將士為盡力」，深得孫承
宗賞識。孫承宗使他「進兵備副使，再進右參政」，一年內連升兩
次，主持寧遠軍事。袁崇煥得以大展平生本領。

孫承宗也不是東林黨人，但屬於東林黨勢力卻是無疑的。廣寧失
守後，是鼎鼎大名的東林黨魁左光斗推薦孫承宗督師山海關的。[124]孫
承宗也始終反對閹黨。據《明史》卷二百八十《孫承宗傳》載，魏忠

---

124 托津編，印鸞章校：《明鑒》卷十四，頁545。

賢想進一步專權，「以承宗功高，欲親附之，令應坤等申意。承宗不與交一言」，毫不隱瞞地表露出他對閹宦權貴的極端厭惡。魏忠賢開始大規模迫害東林黨人時，孫承宗「方西薊昌」，「念抗疏帝未必親覽」，「乃請以賀聖壽入朝面奏機宜，欲因是論其罪」。魏忠賢懼孫承宗擁重兵以清君側，先發制人，日夜「繞御床哭」，不斷造謠中傷，「帝亦為心動」，拒不見承宗。孫承宗遂乞休歸里。孫袁二人，戰守見解相同，相互信任，關係頗睦，這使袁崇煥初預軍政，即靠攏東林黨勢力。

　　袁崇煥與很大一批東林黨人有極深的交情。張岱《石匱書後集》卷十一《袁崇煥列傳》載，魏閹伏誅，「廷臣爭請召崇煥」，這裏所說廷臣就是當時東林內閣諸閣臣。袁崇煥是東林黨人一手扶植上去的。東林閣臣錢龍錫曾對崇禎帝盛讚袁崇煥，他說「崇煥肝膽識力，種種不凡，真奇男子也」。他還請求崇禎專賜尚方劍給崇煥，放手讓袁崇煥在關寧大幹一場。袁崇煥每遇大事也必與錢龍錫商量。據《明史》卷二百五十九《袁崇煥傳》載，袁崇煥欲誅毛文龍，「嘗與大學士錢龍錫語」。袁崇煥與清朝和談，「龍錫嘗移書止之」。袁崇煥與另一東林閣臣韓也相交甚厚。由於這種關係，閹黨指袁崇煥擅主和議，「其座主也」。[125]此外，熊廷弼、李標、劉鴻訓、錢謙益、成基命、何如寵等人，也與袁崇煥志同道合，關係很深。而他們有些是東林黨魁，有些是東林黨勢力中人。

　　袁崇煥處處站在東林黨的立場上，堅決與閹黨作鬥爭。袁崇煥頂撞過的上司王在晉、高第都是閹黨。袁崇煥也不為魏閹一夥所喜。寧錦大捷，袁崇煥身為主帥，作戰英勇，功勞理應數他最大，卻反被魏閹「使其黨論崇煥不救錦州為暮氣」，上疏彈劾他。據《明史》卷二

---

125 夏燮：《明通鑒》卷八十二，頁625。

百五十九《袁崇煥傳》載,「及敘功,文武增秩賜蔭者數百人,忠賢孫亦封伯,而崇煥止增一秩」,並迫他引退。袁崇煥殺毛文龍更嚴重地損害了閹黨的利益。毛文龍長期以來利用貪污、走私、剽掠商船等非法手段積纍的贓款贓物不斷向閹黨行賄。他「輦金京師,拜忠賢為父」[126]。他一年領取的百萬軍餉,「大半不出都門,皆入閹宦囊中」。也指出,在閹黨權貴的縱容包庇下,毛文龍一直逍遙法外。袁崇煥斬毛文龍,閹黨「盡失其賂」,喪失了一個重要財源,這引起了閹黨對他的更大仇恨,必欲尋機報復,置袁崇煥於死地。

崇禎縛袁崇煥下獄,時機到來,閹黨餘孽群起攻之。閹黨餘孽高捷、史、袁宏勳等一疏再疏惡毒造謠中傷。閹黨抓住了崇禎最害怕大臣權重,最害怕大臣結黨,尤其是邊臣與廷臣結黨而損害皇帝獨裁的心理,捏造了袁崇煥通敵脅和、擅殺大將、邊臣與閹臣結黨、向廷臣行賄以求廷臣為之說情等罪名。幕後指揮者閹黨餘孽的頭子、吏部尚書王永光、輔臣溫體仁、兵部尚書梁廷棟等也從中煽風點火,遂促成了崇禎枉殺袁崇煥的大冤案。

袁崇煥案是閹黨開始向東林黨倡狂反撲的重要標誌。袁崇煥案首先牽連了內閣輔臣錢龍錫。據《明史》卷二百五十九《錢龍錫傳》載:「時群小麗名逆案者,聚謀指崇煥為逆首,龍錫等為逆黨,更立一逆案相抵。謀既定,欲自兵部發之。尚書梁廷棟憚帝英明,不敢任而止。乃議龍錫大辟,且用夏言故事,設西廠以待。帝以龍錫無逆謀,令長係。」接著牽連了另一閣臣韓。韓在天啟崇禎兩朝做相,「引正人抑邪黨」[127]。曾主持定逆案,是閹黨的死對頭,也是東林黨的重要頭目。閹黨原抱奇父子及李逢甲先後上疏,「以為袁崇煥座

126 夏燮:《明通鑒》卷八十一,頁622。
127 夏燮:《明通鑒》卷八十二,頁625。

主，遂劾主和誤國」[128]。據《明史》卷二百五十一《成基命傳》載，韓被迫以病引退。閹黨的反攻倒算還在繼續。他們「劾（成）基命欲脫袁崇煥罪」，他們還排擠首輔李標，使他們先後乞休離開內閣。至此，崇禎帝組織的東林黨內閣完全垮臺，閹黨重新得勢。

袁案是閹黨一次有組織、有計劃地向東林內閣進行的反撲。當年魏忠賢大規模迫害東林黨人，群閹密謀，「但坐移宮，則無贓可指；若坐納楊鎬、熊廷弼賄，則封疆事重，係之更有名」。移宮，指移宮案[129]，是以邊事作發難點的。閹黨餘孽也深明此理。他們故伎重演，誣袁崇煥賄廷臣，「借崇煥以及龍錫，因龍錫以及諸異己者」[130]。也是借邊事作發難點。還有，袁崇煥的地位、權力也是閹黨進行反撲的最大障礙。有袁崇煥在，閹黨就難以上臺，即使上了臺也難以坐穩。閹黨的反撲是一定要從袁崇煥入手的。在東林黨人毫無防備的情況下，閹黨的反撲完全達到了目的。

袁案是明末一件重大歷史事件。崇禎九年（1636年），前工部侍郎劉宗周上疏崇禎，尖銳地指出：「自己已之變，小人以門戶修怨，異己者概坐以袁崇煥黨，日造蜚語，次第去之。於是，小人進而君子退，中官用事而外廷浸疏，文法日繁，欺罔日甚，朝制日隳，邊防日壞。今日之禍，實己已以來釀成之也。」[131]事實上也是這樣。東林內閣以後，崇禎帝重用的溫體仁、薛國觀、陳演等皆為閹黨餘孽、狡詐之徒。如五疏力請殺袁崇煥的溫體仁，「外曲謹而中猛鷙，機深刺骨」[132]。自己結黨卻攻擊別人結黨，自己貪污受賄卻攻擊別人貪污受

---

128 托津編，印鸞章校：《明鑒》卷十五，頁592。
129 托津編，印鸞章校：《明鑒》卷十四，頁559。
130 夏燮：《明通鑒》卷八十二，頁627。
131 夏燮：《明通鑒》卷八十五，頁648。
132 夏燮：《明通鑒》卷八十二，頁627。

賄，還裝出受迫害的可憐相。而剛愎自用的崇禎還深信溫體仁無黨，越加寵信。明亡，就是亡在崇禎帝一手葬送了「中興之跡」，就是亡在崇禎帝重用這些無恥之徒上。由此可見，袁崇煥案是崇禎由依靠東林黨人轉向依靠閹黨群小的轉捩點，也是明末由所謂「中興」轉向徹底崩潰的轉捩點。

四　袁崇煥對自己的死也應負一定責任

袁崇煥是一位傑出的抗清將領。他愛國、勇敢、能吃苦耐勞、為官清廉，有一定軍事才幹，還有許多值得我們後人稱頌的地方。但是，袁崇煥也存在嚴重缺點。

袁崇煥復出，崇禎平臺召見，問及方略。據《明史》卷二百五十九《袁崇煥傳》載，袁崇煥奏上：「願假以便宜，計五年，全遼可復。」中間休息，退下。「給事中許譽卿叩以五年之略。崇煥言：『聖心焦勞，聊以是相慰耳。』譽卿曰：『上英明，安可漫對。異日按期責效，奈何？』崇煥憮然自失。」[133]毫無疑問，以當時明清力量消長的情況來看，五年復遼是根本辦不到的事情。袁崇煥馬上自知失言，也知道欺君之罪干係甚大，他不僅沒有勇氣承認錯誤，反而千方百計加以掩飾。休息完，崇禎再次接見，袁崇煥一味地提出要求，希望倘有不相應，即可有藉口。不意，「上悉從之」。袁崇煥語塞，只好走馬上任。

袁崇煥還繼續沿著這條錯誤的道路走下去。袁崇煥到關外後，對戰守是做了一些準備的。他平定了寧遠士兵的嘩變；統一了軍令；派其弟袁崇煜回兩廣招募精兵；等等。客觀地說，袁崇煥的這些措施守成倒是有餘，慢慢推進，逐步擠清兵出全遼也不是沒有可能，但靠此

---

133 夏燮：《明通鑒》卷八十一，頁618。

五年復全遼不行。袁崇煥背上了「五年復遼」的包袱，只好把更大的希望寄託在和談成功上，幻想通過和談使滿清退出全遼。和談沒有明顯的軍事優勢作後盾，卻要求敵人做出巨大讓步，同時還要在短期內達成協議，這真是幻想！但袁崇煥不談下去也不行。受這種種條件限制，袁崇煥在談判中就明顯處於不利的位置。清皇太極要他殺毛文龍他不得不殺，就是明證。如前所述，毛文龍該殺，袁崇煥也早有此意，但殺毛文龍的直接起因卻是袁崇煥與皇太極交換談判條件。據談遷《國榷》卷九十《崇禎二年六月戊午》載，事情是這樣的：毛文龍所部散居在遼東諸海島上，勢力不大，卻「猶人身之有蚤虱也。撮之，則無處著手；聽之，則吮膚而不寧」。是清兵日後進兵中原的隱患。又據計六奇《明季北略》卷四《袁崇煥陛見》載，明朝降將李永芳獻計皇太極說：「兵入中國，恐文龍截後，須通書崇煥，使殺文龍，佯許還遼。」皇太極聽從了這個建議，通書袁崇煥。而袁崇煥「思殺文龍，則遼可得」，「答書密允」，就將毛文龍殺了。類似的敘述，除上引計六奇的《明季北略》外，還見諸談遷的《國榷》卷九十、張岱的《石匱書後集》卷十《毛文龍傳》、《明史紀事本末補遺》卷四等史籍。據此看來，此說不誤。

　　殺毛文龍以求復遼只是袁崇煥的一廂情願。清人早就不僅打算繼續在遼東賴下去，而且還打算入主中原。袁崇煥為了達到「五年復遼」，不講策略，不擇時機，貿然處決毛文龍，是應該受到嚴厲譴責的。後來，崇禎帝把殺毛文龍與通敵脅和聯繫起來，把殺毛文龍與擅權聯繫起來，把殺毛文龍與邊臣廷臣相結黨聯繫起來，就處死了袁崇煥。袁崇煥一身繫明之安危，係東林內閣之浮沉，但他在關鍵時刻，口出大言，還知錯不改，繼續錯下去，誤己誤人。袁崇煥一人死事小，牽連了整個東林內閣的倒臺事大，促成了明亡事大，如此慘痛的歷史教訓是應該記取的。

還有，作為軍事指揮者的袁崇煥在軍事上也有失策之處。談遷《國榷》卷九十《崇禎二年十一月丙申》中載，當時，袁崇煥截清兵於通州，袁部下副總兵周文郁曾進言：「大兵宜趨敵，不宜入都。且敵在通州，我屯張灣，去通十五里，就食於河西務。如敵易則戰，敵堅則守。」袁崇煥沒有聽取這正確的意見，退守京郊。豈料，竟由此引起都人驟遭兵，誤以為袁引敵脅和，輿論沸沸，促成崇禎逮他下獄。

再說，當時也不是不能一戰。談遷《國榷》中還說，清兵進犯京師途中，過石門驛一小寨，「驛宰某率土人壘石塞徑，被攻終日而陷」。這說明士氣尚高，民心可用。反之，清兵沒有後援，已犯兵家之大忌，是不能久戰的。而這些袁崇煥統統沒有加以利用。連《國榷》編纂者談遷也責怪他：「方在薊州，獨不能躡其後掩擊之耶？」「苟矢志厲眾，剪其零騎，俾斂寇不敢散掠，遏其鋒於通州，決一血戰，無鳴鏑於都門之下，庶免於戾。而崇煥智不出此，豈刃在其頸不覺冥蹈之耶？」遺憾的是，袁崇煥坐失戰機，給了自己的敵人以設計的條件與攻擊的口實。總之，袁崇煥之死表面上是崇禎中反間計所致，而根子裏卻是崇禎絕不容許袁崇煥的行為妨礙他的獨裁統治，是中國封建社會長期以來皇權與臣權矛盾的又一次正面激烈衝突的結果；閹黨餘孽的造謠中傷則起了加劇與催化的作用。當然，袁崇煥本人也應負一定責任。

《東莞袁崇煥督遼餞別圖詩》中的歷史人物

《東莞袁崇煥督遼餞別圖詩》（以下簡稱《圖詩》），廣東省內分別為中山圖書館和華南師範大學圖書館收藏。筆者在確認《圖詩》為真跡的基礎上，考訂出《圖詩》中大部分作者的生平事蹟，並進一步考察了明末廣東社會士紳名流的民族觀、國家觀、義利觀等社會價值

觀念。由於《圖詩》的主要作者大多為明末抗清義士，他們的著述大多在清代被列為禁書，他們的後人在清代也噤口莫言往事，因此逐一考訂《圖詩》中的歷史人物實頗費周折。據筆者翻檢文獻，僅有汪宗衍先生《袁崇煥督遼餞別圖詠卷》[134]的千餘字介紹，人既不全，文亦過略。早在 1984 年，在廣西藤縣舉行的「袁崇煥誕生四百週年紀念學術討論會」上，就有專家認為：「題詩諸家，除釋氏三人外，余多明季忠義之士。展之，不惟得睹昔日江干餞別之景況，亦於督師之交遊及其思想、性格之形成，多見線索。」[135]但事隔近二十年，仍未見有人補論，筆者只好勉為補考，以祈促進對袁崇煥及晚明廣東社會狀況的深入研究。

一　《圖詩》的時代背景及流傳

《圖詩》原件創作於明代崇禎元年（1628 年）。《圖詩》原名曾被後人刓去，因又以卷首題字名之《膚功雅奏圖》，《東莞袁崇煥督遼餞別圖詩》是 1935 年東莞籍學者倫明、張仲銳、容庚三人鳩資影印原件時加上。據倫明《東莞袁崇煥督遼餞別圖詩・跋》說：「膚功雅奏四字，亦子壯手筆。」而今天《圖詩》卷首的「膚功雅奏」寫作「膚公雅奏」。

《圖詩》中的圖是一幅山水圖，有數人站立江邊，江中帆影點點，遠景為峰巒疊嶂。圖中有趙焞夫簽印，畫為趙焞夫所繪。圖之後有題詩，按先後次序，題詩的人分別是陳子壯、梁國棟、黎密、傅於

---

134 《廣東文物叢談》（香港：香港中華書局，1974年），頁145-149。下引該書同此版本，不再另注。

135 姜緯堂：《論東莞張氏之表彰袁督師》，《袁崇煥研究論文集》（南寧市：廣西民族出版社，1984年），頁330。

亮、陶標、歐必元、鄧楨、吳邦佐、韓暖、戴柱、區懷年、彭昌翰、
釋通岸、李膺、鄺瑞露、呂非熊、釋超逸、釋通炯、梁穉等十九人。

　　《圖詩》是在袁崇煥第二次督遼，臨離開廣州時，聚居於廣州的
粵籍紳宦名流為袁崇煥餞行時所作。有著傳奇般經歷的袁崇煥，成為
他們一致推崇的偶像與英雄。

　　袁崇煥祖籍廣東東莞應是沒有問題的。《明史・袁崇煥傳》載：
「袁崇煥，字元素，東莞人。」這次被貶回家，也是回到廣東。但從
東莞開始參加科舉考試，其路途太艱難。筆者據清康熙年間《新修廣
州府志》卷二十七《選舉志上》統計，有明一代，東莞縣共出進士七
十八人，仍略少於省城附廓的南海、番禺二縣。於是，袁崇煥轉至廣
西藤縣參加科舉考試，其父子鵬並在藤縣購置產業，使之符合明代科
舉考試條例。這種寄籍，在明代科舉考試中並不少見。袁崇煥從廣西
開始參加童生試，一直到高中進士榜，所以《明進士題名碑》下記袁
崇煥的籍貫為廣西藤縣。袁崇煥高中以後，還曾回東莞祭祖，並作
《登賢書後回東莞謁墓》。詩云：「少小辭鄉國，飄零二十年。敢雲名
在榜，深愧祭無田。邱隴棠梨在，衣冠手澤傳。夕陽回首處，林樹鬱
蒼煙。」[136]

　　考中進士後，袁崇煥第一次當官是出任福建邵武知縣。《明史》
卷二百五十九《袁崇煥傳》載，袁崇煥任內「為人慷慨，負膽略，好
談兵。遇老校退卒，輒與論塞上事，曉其厄塞情形，以邊才自許」。
天啟二年（1622 年），袁崇煥循例在京朝覲，「御史侯恂請破格用
之，遂擢兵部職方主事」。當年，努爾哈赤率八旗兵席卷全遼，明廷
內部一片慌亂，將明軍撤至關內，主守山海關的意見佔了上風。這

---

136 袁崇煥所作詩文，俱見《滄海叢書》第一輯《袁督師遺集》，東莞張伯楨刊本，以
　　下不再注釋。

時，袁崇煥「單騎出閱關內外。部中失袁主事訝之，家人亦莫知所往」。回朝後，袁崇煥提出守遼必須守山海關外，並自薦前往。朝廷又升袁崇煥為寧前兵備道僉事，「發帑金二十萬，俾招募」，開始了袁崇煥的戎馬生涯，袁崇煥也開始建立自己的督遼幕府和親兵隊伍。

天啟六年（1626 年），努爾哈赤得悉明軍在山海關外寧錦一線佈防，復率大軍前來。督遼主帥高第懼怕清兵勢大，「令盡撤錦、右諸城守具，移其將士於關內」，只剩下袁崇煥率部堅守寧遠孤城。《明史》卷二百五十九《袁崇煥傳》載，袁崇煥說：「我寧前道也，官此，當死此，我必不去。」是役，在袁崇煥精心組織下，在袁崇煥身先士卒奮勇殺敵的精神感召下，明軍擊潰了清兵的輪番衝擊，並重創努爾哈赤，迫使清兵撤軍，取得了明清交戰以來明軍的第一次勝利。史稱：「我大清舉兵，所向無不摧破，諸將罔敢議戰守。議戰守，自崇煥始。」「寧遠大捷」後，袁崇煥升遼東巡撫，加兵部右侍郎，主持了明軍山海關外的戰守大計。

天啟七年（1627 年），繼位不久的皇太極再次率清兵前來復仇，圍錦州、寧遠等明軍重鎮。而袁崇煥再次將清軍擊潰，取得了「寧錦大捷」的勝利。寧錦大捷，袁崇煥是主帥，本應功勞最大，但因袁崇煥政治傾向於東林黨，故不為當權的閹黨頭子魏忠賢所喜，寧錦大捷敘功，「文武增秩賜蔭者數百人，忠賢子亦封伯，而崇煥止增一秩」。進而，「忠賢因使其黨論崇煥不救錦州為暮氣，崇煥遂乞休」。天啟七年（1627 年）七月，袁崇煥被迫離開他浴血奮戰多年的遼東戰場，回到故里廣東。

剛回廣東時，報國無門的袁崇煥心情十分沉重。袁崇煥曾作《歸家後作》。詩云：「到得家園涕自傾，此身深悔去求名。傷心今日方為子，忍淚三年為奪情。老母飢寒奄一年，孤兒鋒鏑剩餘生。不堪既抱終天恨，又痛荊花憶弟兄。」在為國守遼的日子裏，袁崇煥遭逢了父

喪兄亡的變故，老母在家無人奉養。靜下來的袁崇煥又想到了宦海的險惡，前任督師熊廷弼的冤死，恩師孫承宗的被迫離朝，自己屢立赫赫戰功卻被貶回家，還有戰場上的血腥殺戮。於是，袁崇煥想到羅浮山出家。袁崇煥在《閒居示弟煜》詩中說：「十年辛苦夢中身，何幸歸來與爾親。正好餘閒將讀補，休言薄宦使家貧。此心無復升沉想，今日同修清淨因。頭上二毛添亦得，近來歡喜是閒人。」並發起募修羅浮寺觀名勝，撰寫了《募修羅浮諸名勝疏》和《募修羅浮諸名勝跋》。《明史》卷二百五十九《袁崇煥傳》載，　天啟七年（1627 年）八月，熹宗皇帝駕崩，崇禎接替帝位。十月，崇禎誅魏忠賢，並盡貶閹黨，起用東林黨，袁崇煥又得到東山再起的機會。當時，「廷臣爭請召崇煥，其年十一月擢右都御史，視兵部添注左侍郎事」。「崇禎元年四月，命以兵部尚書兼右副都御史，督師薊遼，兼督登、萊、天津軍務，所司敦促上道。」不斷地陞官進爵，又不斷地專使下詔召還。深蒙皇恩浩蕩，又渴望建功立業、盡忠報國的袁崇煥終於再次出山了。臨離開廣州時，聚居於廣州的粵籍紳宦名流在廣州城內名剎光孝寺為袁督師餞行。席間，趙焞夫作畫，諸人題詩，於是就有了這一幅《東莞袁崇煥督遼餞別圖詩》長卷。

　　《圖詩》原件當時應該就為袁崇煥珍藏，並帶到了遼東。不久，袁崇煥被崇禎帝冤殺，原件輾轉流傳至清代給事中王祐瑕，致《圖詩》中多處鈐有「王祐瑕」方印。此後，又分別為王半塘（鵬運）、江叔海（瀚）、倫哲如（明）遞藏。1921 年，江瀚曾親攜原件至天津請羅振玉鑒賞，羅振玉曾作跋。加上王鵬運跋、倫明跋，三跋並附於卷末。1935 年，倫明、張仲銳、容庚三人「鳩資影印五十本，分送各大圖書館保存」[137]。傳聞，原件現為港澳某富商所藏，「1958 年香

---

137 見《東莞袁崇煥督遼餞別圖詩》影印本附記。

港舉行廣東歷代名家書畫展覽會時，曾陳列此卷於會中」[138]筆者無緣得見真跡，而華南師範大學圖書館所藏影印本亦屬珍貴難得了。

綜合各方面材料來看，《圖詩》原件當為真跡。第一，《圖詩》雖經輾轉收藏，但均有跡可循。第二，《圖詩》內容與其它史書所記相合。如題詩諸子，絕大多數可考。又如陳子壯題詩，同時載於《陳文忠詩集》。第三，鑒別及影印者均是文物鑒定專家或文史專家。羅振玉跋鑒定：「右圖但有作者姓名，而上款刓去。王幼霞侍御考為袁督師任薊遼總督時同人，贈行之作，其說甚確。」張仲銳，字江裁，號次溪，民國時在北平研究院歷史研究會從事歷史研究，解放後在北京師範大學歷史系任職，以史料整理見長。容庚，字希白，長期在中山大學任教，早為粵人所熟知，是國內外著名的古文字專家。倫明，字哲如，光緒年間舉人，後畢業於京師大學堂，曾先後在北京大學、輔仁大學、北京師範大學任教，晚年返粵，闢「續書樓」，著有《辛亥以來藏書紀事詩》[139]。故此，筆者也就把《圖詩》看做是從真跡中影印下來而加以直接利用了。

二　《圖詩》中歷史人物事蹟考

（一）趙焞夫

趙焞夫，字裕子，番禺人，布衣。曾師明末廣東書法名家朱完習書畫詩詞。（康熙）《新修廣州府志》卷三百九十《朱完傳》稱，朱完尤善畫竹，家居廣州城北虹岡，院中栽竹數萬。朱完門人「林穆、唐美、韓如璜、周子顯、趙焞夫皆以各種書及花卉名」。清初屈大均於

---

138 汪宗衍：《袁崇煥督遼餞別圖詠卷》，《廣東文物叢談》。

139 倫明：《辛亥以來藏書紀事詩》（北京市：北京燕山出版社，1999年）。

《廣東新語》卷十三《諸家畫品》中曾歷數明末廣東書畫名家時說：
「寫山水者彭伯時、賴白水、英白石，花卉者趙裕子，蘭者楊憲卿，
竹者梁森琅、梁文震，皆一時高手。」可知趙焞夫是以畫花卉而著稱
的。《圖詩》所繪並非花卉，而是珠江邊的山水，至於功力如何，筆
者不懂美術，就不敢妄加評論了。

除書畫外，趙焞夫也工詩詞。陳伯陶《勝朝粵東遺民錄》卷一
《趙焞夫傳》載：「梁元柱以疏劾魏閹歸，與焞夫遊。黎遂球、歐必
元、李雲龍、梁夢陽、戴柱、梁木公輩重開訶林淨社，焞夫與焉。又
與謝長文，韓宗相友善。」著有《草亭稿》。溫汝能輯《粵東詩海》[140]
卷五十七《趙焞夫》中認為，《春望》一詩較能反映趙焞夫的詩詞水
準。詩云：「寒食蕭條野望陰，一枝笻竹日行吟。出塵笑我煙霞骨，
逝水還誰日月心。薇蕨長時知雨足，鷓鴣啼處怨山深。連年烽火何
嘗息，殘燒而今尚滿林。」詩中講的是明清交替廣州戰事連綿、社會
經濟頹敗的景象。入清，趙焞夫拒絕與清政府合作，最後老死荒林，
高壽。

（二）陳子壯

《明史》卷二百七十八《陳子壯傳》載：「陳子壯，字集生，南
海人。萬曆四十七年以進士第三人授翰林編修。」陳子壯與袁崇煥是
同榜進士。在明清，同榜進士又稱「同年」，關係又更進一步，是明
清士子構築官場關係網的一種重要手段。

《明史》卷二百七十八《陳子壯傳》記陳子壯事蹟三項。第一，
反對魏忠賢專權。「天啟四年，典浙江鄉試，發策刺閹豎。魏忠賢

---

140 溫汝能：《粵東詩海》（廣州市：中山大學出版社，1999年）。以下所引，文內標注，
　　不另注釋。

怒，假他事削子壯及其父給事中熙昌籍。」第二，輔助崇禎帝。「崇
禎初，起子壯故官，累遷禮部右侍郎。」李自成起義漸成燎原之勢，
陳子壯進言：「今日所急，在收人心。宜下罪己詔，激發忠義。」建
議為崇禎採納。崇禎欲破皇族不得出任文武官職的條例，嘗下詔云：
「郡王子孫文武堪任用者，得考驗授職。」陳子壯「慮為民患，立陳
五不可」。由此，陳子壯得罪崇禎帝並所有皇室成員，致使再次罷
官，並不為南明諸政權所重用。第三，起兵抗清。明廷有負子壯，但
子壯為國為民不記前嫌，毅然起兵。順治四年（1647 年），「張家
玉、陳邦彥及新會王興、潮陽賴其肖先後起兵，子壯亦以八月起兵九
江村」。不幸戰敗，陳子壯被「執至廣州，不降，被戮」。陳子壯長子
陳上庸戰死，母親自縊。

　　因審視角度不同，《明史》卷二百七十八《陳子壯傳》只記他關
係國家安危的軍國大事，而不載他在粵的其它方面活動，致使難窺陳
子壯在晚明廣東社會中的影響。事實上，陳子壯已逐漸成為晚明廣東
士人名流的領袖人物。（康熙）《新修廣州府志》卷三十一《陳子壯
傳》載，陳子壯是晚明廣東世家子弟，「祖紹儒尚書，父熙昌吏科都
給事中，世居會城之仙湖裏」。

　　陳子壯又是科舉考試的優勝者，並以探花的身份入仕翰林編修，
獲得了迅速進入明朝政府核心階層的捷徑，是士子們豔羨的名次和官
位。陳子壯正直的人品也為鄉人敬重。相傳，陳子壯天啟四年（1624
年）典浙江鄉試時得罪魏閹，而魏閹仍想拉攏他。魏忠賢新修府邸落
成，「欲子壯書元勳二字匾於堂，以示威尊，曰書此當得好官」，遭到
了陳子壯的斷然拒絕。[141]陳子壯還以詩名。屈大均曾於《廣東新語》
卷十二《詩社》中歷數明代廣東詩社活動，如有云：「廣州南園詩

141　參見陳子壯《禮部存稿》附《陳文忠公行狀》，《廣東叢書》本。

社，始自國初五先生……訶林淨社，始自陳宗伯子壯。而宗伯復修南園舊社，與廣州名流十有二人唱和。」陳子壯是訶林淨社的發起人，又是南園舊社的倡復者。南園十二子分別是：陳子壯、陳子升、歐主遇、歐必元、區懷瑞、區懷年、黎遂球、黎邦城、黃聖年、黃季恒、徐棻、釋通岸。其中，陳子壯、歐必元、區懷年、釋通岸等四人參與了為袁崇煥餞行。據此推測，發起為袁崇煥餞行的是陳子壯，而席設訶林淨社，即今廣州城內名剎光孝寺內。

（三）梁國棟

（康熙）《新修廣州府志》、阮元主纂《廣東通志》均不為梁國棟立傳，只在選舉表中列出梁國棟為天啟四年（1624 年）舉人，官至彭澤知縣。陳伯陶《勝朝粵東遺民錄》卷二《梁國棟傳》所記稍詳，照錄如下：「梁國棟，字景升，香山人。天啟甲子舉人，授彭澤令。廉以持己，敏以御物，民懷其惠，奸畏其威，咸稱為鐵面梁公。甲申之變，附逆者蜂起，國棟擒獲偽官三，偽印二。左良玉兵所經州縣無不殘掠，及過彭澤誡曰，此梁侯境也，慎無擾。以母老告歸，廣州破，家居十二載，讀書自樂，年七十二卒。」

（四）黎密

阮元《廣東通志》、（康熙）《新修廣州府志》均有《黎密傳》。阮志載：「黎密，字鎮之，番禺人。父蓼洲，庠生，生四子，密最少，六齡而孤」；「黎密工詩、古文、詞，密少時嘗遊四明、六橋、禹穴、雲門，與徐文長、王伯長、葛水壺、嚴魯孺、沈禹圖輩交善。廣購秘書以歸，遂肆力於古學問，著有《籟鳴集》」。[142]黎密是一位博學的才

---

142 阮元：《廣東通志》卷二百七九《黎密傳》，頁4825。

子，詩名聞於華夏。吳山嘉《復社姓氏傳略》卷九《黎美周傳》載：
「黎遂球，字美周，番禺人。祖瞻、父密皆以詩名。」《粵東詩海》
卷三十八《黎密》引李伯襄評價云：「黎子古貌素心，遠情逸韻，超
然於世味濃淡之外。詩亦清真幽淡，師古而不襲古。」相傳，「有故
人子至粵，自稱為稅璫所親重，咸謝絕之」。（康熙）《新修廣州府
志》卷三十二《黎密傳》載，黎密有詩記此事。《門有車馬客》詩
云：「門有車馬客，隆隆揚芳塵。指揮珊瑚鞭，安坐文錦茵。顧盼盛
意氣，僕御何繽紛。問客將安適，言過七貴門。朱樓臨大道，高高入
蒼旻。笙歌雜續奏，樽俎錯落陳。文學托後乘，蛾眉揚清芬。嚴冬隕
寒霜，炙手奉春溫。世人希顏色，而我通要津。所以事驅馳，終日無
停輪。一聞客此言，使我驚心魂。揮手謝客去，白雲生松筠。幸茲席
門中，頗回故人轅。」

　　但黎密的政績、文學成就均不及其子黎遂球。黎遂球與陳子壯、
鄺露等人關係非同一般，更應予評介。黎遂球是晚明復社的重要成
員，故吳山嘉《復社姓氏傳略》卷九《黎遂球》立傳詳記。黎遂球有
詩名。相傳，「天啟丁卯舉於鄉，再上春宮不第，歸道揚州，適進士
鄭元勳集名流於影園，賦黃牡丹詩，遂球即席立成十首，人稱牡丹狀
元」。甲申之變，黎遂球「悉以家財治鐵騎三百馳送南都，甫及贛而
南都破」。順治三年（1646 年），清兵圍贛州，黎遂球及吏部主事龔
棻「募水師四千赴援」被困城中，黎遂球督率將士守城，「目不交
睫，城破猶率兵巷戰，腋中二矢，墜馬被執，眾刃交下死」。同時戰
死的還有弟黎遂琪，僕盧從贊、梁義等三十餘人。清初屈大均最推崇
黎遂球的詩，最敬重黎遂球的氣節人品。屈大均《廣東新語》卷十二
《黎美周詩》中載，「美周詩，五古最佳，有《古俠士磨劍歌》云：
十年磨一劍，繡血看成字。字似仇人名，難堪醉時視。《結客少年
場》云：生兒未齊戶，結客少年場。借問結交人，不數秦舞陽。泣者

高漸離，深沉者田光。醉者名灌夫，美者張子房。感恩思報仇，相送大道旁。其困守虔州臨危時，擊劍扣弦，高吟絕命。有云：壯士血如漆，氣熱吞九邊。大地吹黃沙，白骨為塵煙。鬼伯舐復厭，心苦肉不甜。一時將士聞之，皆為之袒裼爭先，淋漓飲血，壯氣騰湧，視死如歸。」黎遂球《花下口號》也十分激昂：「生平不事求神仙，願上東海求仙船。童男童女各三千，教之歌舞及管絃。逍遙行樂二十年，遂令婚配同力田。可得萬人馳九邊，大雪國恥銘燕然。」數百年過去了，如今讀來仍令人敬佩。何淙《光孝寺志》卷八《檀越志》中載，黎密父子曾捐資廣州名剎光孝寺，黎遂球名列《檀越志》，黎遂球曾拜陳子壯為師，「師弟二人往往於月夕花朝談及時事，歔欷流涕，人莫知之也」。黎遂球又名列南園十二子。可見黎密父子與光孝寺，與陳子壯、袁崇煥均有淵源，假座光孝寺為袁崇煥餞行，黎氏父子應是倡議者之一。

（五）傅於亮

《圖詩》中傅於亮詩下鈐有「貞父」方印，清晰可見，得知傅於亮字貞父，廣州音「父」、「甫」相近，又字貞甫。傅於亮有弟傅於孝，字純甫。傅氏兄弟與歐必元交厚，但傅於孝早逝，歐必元曾為之作行狀。祖上清江人，後遷居廣州。歐必元《綠玉齋稿》卷十一《傅純甫行狀》載，傅於亮兄弟應曾為袁崇煥幕客，並追隨至遼東。歐必元有《送別傅貞甫純甫》。詩云：「黃鵠求雙飛，千里鳴其匹。胡馬厲北風，踽踽悲相失。何況同心人，分飛各南北。攜酒上河梁，縱飲無顏色。行矣此二子，勖哉崇明德。」

（六）陶標

陶標，字搖光，南海人，國子監生。《光孝寺志》卷十《藝文

志》有陶標所撰《訶林新修禪堂銘》。據《光孝寺志》卷二《建置志》記載，天啟以前，光孝寺禪堂久廢，由何吾騶、陳子壯等人捐資重修。「明天啟六年，沙門通炯、通岸、超逸及大眾募檀越相國何象岡、宗伯陳秋濤、璽卿吳覺生、方伯曾息庵暨諸紳士捨財修建，改為禪堂。」禪堂落成，成為晚明廣州名流聚會吟唱的訶林淨社社址。陳子壯《訶林雅集詩序》記其雅集時盛況云：「以春之四月為會於訶林，智若二長老與焉。獻花供茗，品畫評書，樂解色空之塵微及天人之諦，風幡鏡樹證無上於南宗，虞苑房軒識前身之初地。昔沃州遊好，妙義斯興，盧社往還，高賢並著。」禪堂重光，公推陶標作銘，可見陶標亦是很有文采的。銘云：「久聞空門，荒臺斷碣，戒座幾淪，智幢欲折，護法龍眠，聽經鶴咽。爰有三禪，敏慧警詰，故址通新，憫念中絕。削墨選才，多所罄竭，願力弗違，空力靡輟，佛力無邊，人力罔缺。長者報金，鬼國輸鐵，寶剎光開，天花香徹。」講的是禪堂從破落到重光的修繕過程。可知陶標也是訶林淨社重要成員之一。

（七）歐必元

歐必元，字子建，順德人。年少時，與「香山何吾騶、李孫宸同學，以淹博聞，十五補邑弟子員，試輒第一，文望蔚起，遠近名士獲奉交遊恐後」。但很遺憾，歐必元屢試不中，而何吾騶於萬曆四十七年（1619 年）考中進士，選庶起士，崇禎年間已任禮部尚書，入內閣。李孫宸也於萬曆四十一年（1613 年）考中進士，選庶起士，崇禎年間任禮部左侍郎，掌翰林院。至崇禎末，歐必元才獲鄉薦任廣東巡撫，不能用，還鄉修志。晚年遨遊山水，興至，落筆千言立就。

歐必元是復社重要成員。《復社姓氏傳略》卷九《歐必元》載：「歐必元，字子建，諸生。嘗上書大中丞言救時急務。穆御史稱為嶺南端士無雙，梓其詩文，名《勿漏草》。」歐必元又積極參與廣東的

訶林淨社、南園詩社的活動，為南園十二子之一。著有《綠玉齋稿》、《羅浮草》、《溪上草》等。屈大均於《廣東新語》卷十二《詩社》中評論曰，歐必元之詩在晚明廣東能自成一家。「啟圖能成家學，與李煙客、羅季作、歐子建、鄺湛若四五公者唱和。其雄才絕力，皆可以開闢成一家。」啟圖是區懷瑞，《詩圖》中區懷年之兄，稍後將會提及。歐必元仕途不暢，轉揮霍無度。又據（康熙）《新修廣州府志》卷三十九《歐必元傳》載：「先是，其家素封。元喜豪俠，與公卿大夫游，為文字交，凡輩所不敢望。復揮金如土，第可致客之歡，且周人之急多不吝惜。」晚年竟常致不能炊，最後病死。其長子歐家賢、次子歐思賢俱從黎遂球守贛州戰死。其族侄歐主遇也有詩名。

（八）鄧楨

鄧楨生平事蹟相當難考，後發現，根據歐必元的一篇遊記才能確定鄧楨即鄧伯喬。歐必元《羅浮草》有《游羅浮山記》載：「歲庚戌秋八日，與社人鄧伯喬楨自扶胥，邀萬伯、國楨過半竹亭夜酌。」由此得知鄧楨，字伯喬，與歐子建為社友，曾一同遊羅浮、扶胥諸名勝。鄧楨也善詩，與李雲龍、梁稷等晚明廣州另一群更密切的詩友活動。歐必元《歐子建集》中有《奉張孟奇使君偕鄧伯喬、李煙客、梁非馨竹素山房辱惠長篇賦答》、《傅貞甫、鄧伯喬、陳子達、戴子安攜清麗人過夜飲》等詩。此後，鄧楨、傅於亮、李雲龍、梁稷等都成為袁崇煥督遼幕客。

鄧楨與李雲龍的確到過遼東，後又受袁崇煥之托，返粵募修羅浮名勝。袁崇煥在《募修羅浮諸名勝疏》中說：「應抵關上，而友人鄧伯喬、李煙客請歸。煙客向與家緒仲宗伯，謀興構山中各院洞宇脫者新之。」袁崇煥又在《募修羅浮諸名勝跋》中說：「李煙客偕伯喬

歸，興羅浮有日矣。余其何能忘？因憶昨來與伯喬過曹溪寺，僧告我雲……」（二文俱見張伯楨輯《滄海叢書》）可見，鄧楨還陪同袁崇煥北上時到過韶關南華寺。袁崇煥被害後，李雲龍事蹟還可見於史籍，鄧楨事蹟就不詳了。

（九）吳邦佐

（康熙）《新修廣州府志》卷二十一《職官表》及阮元主修《廣東通志》卷二十三《職官表》均記：「吳邦佐，德慶人，萬曆四十六年任陽山訓導。」明代陽山歸廣州府轄，吳邦佐是有可能經常在廣州名流中周旋的，但算不上重要成員，在晚明廣州詩社諸子文集中均未見其它記載。

（十）韓暖

近代張友仁編著《惠州西湖志》卷八《韓暖》載：「韓暖，博羅人。崇禎元年恩貢。選長汀縣佐，擢令興安，升貳衢州。歷有善政，遇國變，殉難。有《經緯昌言》行世。於湖上有《採菱賦》。」該書末也附有韓暖《採菱賦》。博羅韓氏也算得上晚明廣東望族。韓暖上輩，有韓鳴鳳、韓鳴金、韓鳴雷都是舉人；同輩韓日纘是進士，官至禮部尚書，韓晟、韓晃是舉人；晚輩韓如璜、韓如琰亦舉人。順治四年（1647年），韓如璜兄弟從張家玉起兵戰死。清初修《博羅縣志》，「《志》故沒之」。阮元《廣東通志》也失載。據檀萃《楚庭稗珠錄》卷三《楊進士讀書法》載，清初檀萃路過博羅，見「雖其子孫，亦不知孝廉之挾義捐軀也。故表而出之」。由此亦可見清初文網之森嚴。

（十一）戴柱

溫汝能《粵東詩海》卷五十五《戴柱》介紹：「戴柱，字安仲，

南海人。著有《閒遊詩草》。」並錄有戴柱詩三首。戴柱不追求功名，卻喜浪跡江湖。李孫宸任南京禮部尚書時，戴柱曾到南京探訪。李孫宸《建霞樓集》有《戴安仲過游白下官署相訪，未幾別去，取道於浙，遍遊吳越名山，賦此送之》詩。詩云：「戴生湖海士，意氣傲風塵。不著青衫謁時貴，每橫白眼看世人。伸紙羞為制舉義，含豪輒吐淩雲氣。牛耳狌訶主林盟，馬蹄踏遍白雲裏。」戴柱酬以《客有送予從白門遊浙次韻奉別》和《奉呈南大宗伯李公》二詩。（戴柱詩俱見《粵東詩海》卷五十五《戴柱》）李孫宸詩「牛耳狌訶主林盟」，講的是戴柱曾是訶林淨社的重要成員。酈露《遊揚歷岩》詩小序云：「乙酉仲夏之京，次始興，左鎮聲檄安儲，按兵窺運。旅況多暇，拉區啟圖、戴安仲、彭呂梁、鍾冰髥、鴻兒輩登揚歷岩。」（《粵東詩海》卷五十三《酈露》）揚歷岩在今南雄梅關古道旁。黎遂球又有《送戴安仲游楚》，詩云：「戴子遠行色，長天漠漠秋。如何洞庭水，試上岳陽樓。斗酒易為別，篇詩能壯遊。高堂有慈母，風雨慎扁舟。」（《粵東詩海》卷四十七《黎遂球》）可見，戴柱是一位詩人兼旅行家。

（十二）區懷年

《粵東詩海》卷四十五《區懷年》載：「區懷年，字叔永，高明人，大相仲子，天啟貢生。其詩宏渾婉麗，雖極追琢，而古色陸離，不形斧鑿。嘗有《望西樵詩》及《遊西樵記》，人競傳之。」

區懷年出身官宦詩書之家。父區大相、叔區大倫均進士，選庶起士，授翰林檢討。伯區大樞也是舉人。兄區懷瑞同為舉人。區氏父子三人均有詩名。檀萃《楚庭稊珠錄》卷四《海目一門》載：「《海目集》高文典冊，黃鐘大呂，陳於廟堂。羅陽先生詩章，不及乃兄，而奏疏愷切，有古人風」；「海目二子啟圖、叔永，皆能詩，而格調一

變，入於溫李。蓋其昆季多與黎美周、鄺湛若諸公遊，故不能無所渲染耳。一門昆弟父子，俱以文章道德流傳，何其盛哉！」屈大均更認為區氏父子的詩為晚明廣東的代表。屈大均於《廣東新語》卷十二《區海目詩》中說：「嶺南詩，自張曲江倡正始之音，而區海目繼之。明三百年，嶺南詩之美者，海目為最。」又說：「海目有二子啟圖、叔永，皆能嗣其音響。予嘗與為雅約社，並序其詩。俾世之言詩者知吾粵、言粵詩者知區氏焉。」其實，在區氏父子詩中，區懷年是稍遜一籌的。

明清易替，區懷瑞、區懷年均積極參與抗清活動。區懷瑞在赴閩隆武政權途中，誤觸刀刃而亡。區懷年在抵抗無效情況下，拒絕與清廷合作，「韜晦遁跡」，轉而從事詩詞創作及學術研究，著有《楚鄉亭稿》、《石洞遊稿》、《一嘯集》、《築窒吟》、《燕邸旅言》、《元超堂稿》等。

（十三）釋通岸、釋超逸、釋通炯

三釋均為晚明光孝寺高僧。通岸，字覺道，一字智海，曾為憨山大師書記；超逸，俗姓何，三水人，字修六，曾住持光孝寺；通炯，字若惺，南海西樵人，俗姓陸，曾為光孝寺住持，號寄庵大師。

三釋均為晚明著名僧人憨山大師的弟子，而憨山稱明代佛教四大家之一。憨山大師，名德清，字澄印，別號憨山，俗姓蔡，安徽全椒人。入廣以前，憨山先後在山西五臺山、山東嶗山及京師講法，門徒眾多。據憨山自稱，在五臺山講《華嚴玄談》，「百日之內，常住上牌一千眾，十方雲集僧俗，每日不下萬眾」[143]。萬曆二十四年（1596

143　《憨山老人夢遊全集》（以下簡稱《夢遊全集》）卷五十三自撰《年譜》（香港：香港佛經流通處1965年）。下引該書同此版本，不再另注。

年），憨山自言「因弘法罹難，幾死詔獄，蒙恩宥遣雷陽，置身行伍
間」。自此，「不復敢以方外自居。每自循念：某之為孤臣孽子也，天
命之矣！因內訟愆尤，究心于忠臣孝子之實」[144]。嚴酷的事實教訓了
憨山，從此，憨山決心做一個忠於君臣之道，調和儒佛，積極參與俗
務的政治僧人，並炮製了一系列的理論。佛學上，憨山提出了「空非
絕無」的命題。他說：「所謂空，非絕無之空，正若俗語謂旁若無
人，豈傍真無人耶。第高舉著眼中不有其人耳。」又說：「佛說空
字，乃破世人執著以為實有之謂，非絕無、斷滅之謂也。」憨山認為
「一切皆空」是不存在的，佛教的「空」要若即若離地為現實服務。
憨山還說：「世之士紳，有志向上，留心學佛者，往往深思高舉，遠
棄世故，效枯木頭陀以為妙行，殊不知佛已痛呵此輩，謂之焦芽、敗
種，言其不能涉俗利生，此政先儒所指虛無寂滅者，吾佛早已不容
矣。佛教所貴，在乎自利利他，乃名菩薩。」光孝寺三釋追隨憨山事
情，俱見《光孝寺志》。「涉俗利生」、「自利利他」成為憨山積極參與
俗務的指南。憨山提倡佛家弟子要遵循儒家倫理道德。他說：「所言
人道者，乃君臣、父子、夫婦之間，民生日用之常也」；「由是觀之，
舍人道無以立佛法」；「佛法以人道為鎡基」。[145]憨山還說：「佛制五
戒，即儒之五常。不殺，仁也；不盜，義也；不邪淫，禮也；不飲
酒，智也；不妄語，信也。但從佛口所說，言別而義同。」[146]行動
上，憨山廣為結交世俗權貴名流，上至皇太后、公卿大臣，下至封疆
大吏、州縣府官，乃至舉人監生、鄉紳名流。應當說，憨山在中國佛
學史上和晚明政治史上都佔有一席地位。

　　光孝寺三釋對憨山追隨不捨。據憨山自己說，憨山在廣州講法

---

144 《夢遊全集》卷十九《序‧春秋左氏心法序》。

145 《夢遊全集》卷四十五《觀老莊影響論‧論行本》。

146 《夢遊全集》卷五《法語‧示袁大塗》。

時，「未幾，時故多事，法會難集」，「老人入曹溪，向在會者亦多退席，惟智海岸、修六逸、若惺炯三人不離執侍。及投老南嶽，則岸、逸二子相隨不捨。是感法乳情深，義至高也」。其中，超逸追隨時間最久。「自粵而楚，而吳、江之左、江之右，三十年所無旦夕少間，或學者眾，嘗命代師為說法。」（光孝寺三釋追隨憨山事情，俱見《光孝寺志》）

　　光孝寺三釋也將憨山的理念付諸實踐。通岸直接參與了陳子壯等人籌建的訶林淨社和南園，成為南園十二子之一。超逸更直接參與了袁崇煥、陳子壯等人討論軍國大事。《光孝寺志》卷七《名釋志‧超逸傳》載：「嘗與陳宗伯、袁司馬結禪藻社於禪堂，未嘗學詩，語亦不群，豈至人故不可測乎？」對超逸的超越佛學的行為提出了疑問。當然，對於通岸、超逸的做法，是得到當時光孝寺住持通炯的默許和支持的，通炯也參與了其中大多數活動。

　　三釋深受憨山大師的影響，積極參與世務活動，主動結交當地官宦士紳，使光孝寺成為晚明廣東士子名流吟詩作對和議論軍國大事的重要場所，也構成明清交替、拒絕降清的廣東士人避世入佛的重要歷史背景。今人中山大學蔡鴻生教授專著《清初嶺南佛門事略》[147]對憨山遺風至清初佛門的影響作了大量考證，但卻尚欠對晚明光孝寺三釋、三釋與晚明廣東名流關係的論述，這裏略作補充。從三釋餞別贈袁崇煥詩中更看到憨山遺風對他們的影響。通岸詩云：「笑擁貔貅百萬師，陣前重睹受降時。風雲壯護明王詔，日月光懸大將旗。廟算等閒空羯塞，天威咫尺對龍墀。赤松游自功成後，豈負匡山舊社期。」超逸詩云：「濟世元推出世豪，朝天萬里擁旗旄。夙生自信通三昧，雄略誰能邁六韜。鐃吹響傳青海捷，陳圖輝映紫雲高。山河帶礪應同

---

147 蔡鴻生：《清初嶺南佛門事略》（廣州市：廣東高等教育出版社，1997年）。

固，竹帛芳垂汗馬勞。」通炯詩云：「破虜曾驚出塞年，璽書頻沐聖恩偏。多時久蘊安邦策，此日無勞下瀨船。勳業豈歸蕭相後，壯圖應占祖生先。名標畫閣疇堪並，入望高淩五色煙。」從三釋詩中，我們看到的只是歌功頌德，效忠明廷，金戈鐵馬，腥風血雨，何曾見到一絲一毫勸人從善？這與其它追逐功名利祿的士人又有何區別？

（十四）鄺瑞露（鄺露）

鄺露的一生是富有傳奇色彩的。阮元《廣東通志》卷二百八十五《鄺露傳》載：「鄺露，字湛若，號海雪，南海人。隆慶辛未進士彭齡曾孫也。生而甘露降庭槐故名。」相傳，鄺露五歲能詩，十三歲習古文，十五歲補諸生。在當諸生時，督學以恭、寬、信、敏、慧為題考試，鄺露竟分別以真、行、篆、隸、八分五體書法書寫，被督學認為狂生，貶為五等。由此，鄺露棄諸生資格，浪蕩江湖。三十歲時，在廣州騎馬遊上元節，衝撞南海縣令，被南海縣下令通緝，被迫亡命廣西。遍遊廣西名勝，結交當地土司首領，並曾為瑤人女首領雲䮾娘書記。歸著《赤雅》，該書收入《四庫全書》。《四庫全書總目提要》評介云：「所記山川物產，皆詞藻簡雅，序次典核，不在范成大《桂海虞衡志》下，可稱佳本。」該書是研究明代廣西少數民族歷史的重要典籍。後鄺露「遍遊燕、齊、吳、楚，所至名公巨卿莫不傾益延譽」。鄺露家曾極富有，「家藏懷素真跡」，「又蓄古琴二：一曰南風，宋理宗宮中物；一曰綠綺臺，唐武德年制，明康陵御前所彈也，出入必與俱」[148]。明清交替之際，鄺露與明軍將士堅守廣州達十個月，城破，鄺露懷抱古琴、寶劍、懷素真跡，不食而死。鄺露父子又善劍術，兒子鄺鴻在城東與清兵激戰陣亡。

鄺露是一位多藝的才子。據翁方綱《粵東金石略》卷一載，鄺露

---

148 阮元：《廣東通志》卷二百八十五《鄺露傳》，頁4928。

善書法，今光孝寺內「洗硯池」三字即為鄺露手跡。鄺露也以詩名，留有詩集《嶠雅》。屈大均於《廣東新語》卷十二《鄺湛若詩》中論其詩云：「則憂天憫人，主文譎諫，若《七哀》述征之篇，雖《小雅》之怨誹，《離騷》之忠愛，無以尚之。」鄺露「七哀」分別是：「痛而哀，義而哀，感而哀，怨而哀，耳目聞見而哀，口歎而哀，鼻酸而哀也。」《七哀》詩太長，不能轉錄。《粵東詩海》卷五十四《鄺露》云：後人徑稱「其詩意境深窈，詞采華茂，人稱粵中屈原」。

鄺露家族與袁崇煥督遼抗清事業也有緊密聯繫，鄺露從兄鄺湛曾隨袁崇煥督遼，任驃騎將軍，並戰死沙場。鄺露《鄺海雪集箋》卷九有《九詠寄從兄湛之塞垣》詩，「九詠」分別是：「邊風」、「邊月」、「邊塵」、「邊角」、「邊笛」、「邊雁」、「邊馬」、「邊柳」、「邊草」。鄺露在小序中說：「兄卓犖經奇，與予讀書羅浮。有扶風越石之志，以驃騎從袁督師，死於邊。」其中《邊風》詩云：「地角寒初斂，天歌雲乍飛。大旗危欲折，孤將定何依。送雁侵胡月，驚霜點鐵衣。可能吹妄夢，一為達金微。」

但鄺露交友也有欠明智之處。青年時曾拜南明閹黨首領阮大鋮為師，為阮大鋮《詠懷堂詩》作序，自稱「門人」。而阮大鋮也為鄺露詩集《嶠雅》作序，今阮序仍置於《嶠雅》卷首。據檀萃《楚庭稗珠錄》卷二《鄺海雪多奇》、卷四《嶠雅》載，鄺露晚年又拜廣東香山何吾騶為師，「而象岡亦不終晚節」，降了清，還替清廷做說客勸陳子壯等人投降。不過，鄺露本人則保持了崇高氣節，以身殉志。在明清交替、天崩地解的日子裏，宛如考驗人品節操的試金石，鄺露仍不失為金子。

世人對鄺露豪邁的性格、優美的文章、高尚的品格、離奇的經歷多有評論，並將其視為一代奇人。鄺露後人在編《海雪集箋》時對此也多有收錄，附於卷末，讀者可自閱。

（十五）呂非熊

《粵東詩海》卷四十五《呂飛熊》載：「呂飛熊，字帝思，南海人。少有神童之目。以貢生終。」《粵東詩海》僅錄呂飛熊詩一首。呂非熊與呂飛熊當為同一人。

（十六）梁稷

陳伯陶《勝朝粵東遺民錄》卷四《梁稷傳》載：「梁稷，字非馨，其郡縣未詳。少與黎遂球交最密，數稱其詩。李雲龍、陳邦彥、陳子升、鄺露、韓宗輩俱從之遊。已出塞居督師袁崇煥幕中，為重客。雲龍因賦《寶劍篇》以贈。浙人王子安亦客崇煥所，稷於聽畫角胡笳時作《越吟》至相得也。」據《粵東詩海》卷五十一《李雲龍》載，李雲龍《寶劍篇送梁非馨》詩云：「芒碭山中舊龍子，獄底千年睡不起。一朝牛斗斂光華，化作芙蓉出秋水。蛟騰螭掣杳莫窮，陰房夜夜吼回風。雪花照天真宰泣，為憐天下無英雄。」

但十分遺憾，梁稷還沒有施展其抱負，幕主袁崇煥即蒙冤而死。據陳伯陶《勝朝粵東遺民錄》卷四《梁稷傳》載，袁崇煥遇難，「稷悲憤欲蹈海死事，然思白其冤，姑少全」。

梁稷沒有家室牽掛，先是到了南京成了福建何喬遠的幕客，幫助編纂《皇明文徵》，並參與了南都復社的活動。陳伯陶《勝朝粵東遺民錄》卷四《梁稷傳》載：「時晉江何喬遠主南都社事，一時詞人號為極盛。浙人黃宗羲、閩人黃居中、林古度及粵人韓上桂、韓如璜等俱與會，稷廁其間。」在這期間，梁稷與一代傑出思想家黃宗羲結為至交。黃宗羲晚年撰《思舊錄》，廣東人士韓上桂、韓如璜、梁稷列名其中。黃宗羲說：「梁稷，字非馨，南海人。庚午，何匡茇選《皇明文徵》，非馨主其事。辛巳，餘復遇之於南中。遊江湖間，尚未歸

南海也。」[149]鄺露當時也在南京阮大鋮府中為客，雖政見不同，但也與梁稷有來往。鄺露《留都贈非馨》詩云：「逐客同徵雁，翩翩出塞垣。誇胡曾斷臂，哭極不歸魂。別文見如夢，相看無一言。龍精千尺雪，持照昔人心。」(《粵東詩海》卷五十四《鄺露》) 與昔日鄺露等人為袁崇煥督師遼東，李雲龍、梁稷等人追隨而餞行時的心態已是大不相同了。

梁稷聞黎遂球在北京後，又趕至北京居黎遂球家中，黎遂球曾責梁稷不能盡忠幕主袁崇煥，梁稷不肯為己申辯。後來，黎遂球從王子安口中得知原委，黎梁二人冰釋前嫌。後黎遂球以《送王子安還越兼寄梁非馨》詩記其事。詩云：「王郎昔與梁生居，遼左烽煙談笑餘。梁生作書遙與我，此中乃有王郎人不如。自從遼事潰敗罪督死，王郎徒步歸鄉里。我從燕市遇梁生，不語淚下如流水。」進而，黎遂球希望梁稷與王子安等知情者，日後能為袁崇煥申冤。《粵東詩海》卷四十六《黎遂球》中有詩中句云：「督師失守恆有罪，是逆非逆果若何？此事君應解其故，拭望胡沙迷海霧。君來仍主督師家，何以報之前途賒。」

梁稷不負友人之托，終於率先為袁崇煥申冤得白。陳伯陶《勝朝粵東遺民錄》卷四《梁稷傳》載：「及南都破，稷間關入閩，唐王時以薦官主政，時露與子升俱在閩官中書舍人，稷因之遂上疏白崇煥冤，卒得服爵賜葬。」鄺露曾記其事。鄺露《海雪集箋》卷八《留都贈梁非馨》序中云：「非馨為袁督師重客，督師以孤忠見法，天下冤之，後十二年予與非馨同朝，非馨主政，餘在史館，疏白其冤，服爵賜葬，非馨真信友矣。」唐王政權覆滅後，梁稷歸隱故里，不復出，但仍與明遺民韓宗等時有書信往來。

---

149 黃宗羲：《黃宗羲全集》第一冊《思舊錄》(杭州市：浙江古籍出版社，1985年)，頁356。

至此,《圖詩》中歷史人物除彭昌翰、李膺外,已全部考出。

三 《圖詩》中所反映的晚明廣東士紳名流的社會價值觀

從已考知的歷史人物看,《圖詩》中所反映的晚明廣東士紳名流大致可分為四類:第一類是袁崇煥和陳子壯。他們是科舉考試的優勝者,政治活動已超出嶺南範圍,是晚明活躍於明朝政治核心的粵人士子的代表,他們的政治傾向趨同於東林黨,並與東林黨人有著密切的關係和相似的遭遇。第二類以黎密、歐必元、韓暖、區懷年、鄺露等為代表。他們出身名門望族,有著從諸生到舉人的初級功名。他們以名流自居,結成各自的小團體,以詩社為名,或商議軍國大事,或遊玩於山水之間,吟詩作畫。他們過著優裕的生活,並不急於在朝廷中謀取初級官職,但又密切注意著朝廷的政治動向,期待著日後能科舉高中,或得到朝廷的重用,一展胸中宏願。第三類是鄧楨、梁穩、傅於亮,還包括《圖詩》中並沒有出現的李雲龍、鄺湛、韓閏昌等人。他們雖沒有第二類人物那樣顯赫的門第,但也是文人, 自幼熟讀經史,又略懂武略,如按正常的發展,他們也會通過科舉的管道,爭取成為統治集團中的成員。他們大多是在袁崇煥歸里百日中才認識結交的,被袁崇煥赫赫的戰功、神奇的傳說所吸引,也為袁崇煥豪邁的性格所感動,終於投筆從戎,成為袁崇煥二次督遼幕府中的重要幕客。餞行宴上,他們也慷慨激昂,期望著在不久的將來,在遼東大地上替袁督出謀劃策,或操戈徵殺。其實,他們中一部分人連舉貢都不是,可能還從來沒有離開過故土,卻準備到離廣東數千里外的遼東戰場上去了。第四類是三釋。他們秉承乃師理念,積極關心軍國大事,期待著袁崇煥及袁幕賓客能早日凱旋,榮耀鄉里,免致外族入侵。這

四類人，既有相同之點，又有差異之處，但他們又都走到一起，謀劃著軍國大計，並為袁崇煥督師餞行。他們都是袁崇煥的鄉里至友、世交，他們崇拜袁崇煥，並受袁崇煥思想影響；同時，他們的理念也影響著袁崇煥。他們與袁崇煥一榮俱榮，一敗俱敗，構成了緊密的利害關係。

　　《圖詩》中的諸子詩，反映了晚明廣東士人名流均以正宗漢人自居，他們對清人在遼東的崛起充滿敵對情緒，又因地域的遙遠，對清兵實力的瞭解甚少而充滿了狂妄自大。他們認定：廣東居民是正宗的唐宋遺民，廣東社會文化是正宗的漢文化。而這個論調是在明後期才逐漸出現的。廣東人黃佐纂《廣東通志》卷二十《民物志一・風俗》時說，秦漢時期，「粵人之俗好相攻擊」；南朝時，「民戶不多，俚獠猥雜」；隋「椎結箕踞，乃其舊風」；唐「俗得華風之雜」；宋「民物歲滋，聲教日洽」；元「今之交廣，古之鄒魯」。黃佐還說，「自胡元入主中國九十三年，華風傾頹，彝倫不序」，反倒是僻處嶺表的廣東，保持了較純正的華夏文化，所以稱之為「古之鄒魯」。到了明朝，「本朝衣冠禮樂，無異中州」。明末清初的屈大均於《廣東新語》卷七《真粵人》中更說：「今粵人大抵皆中國種。自秦漢以來，日滋月盛，不失中州清淑之氣，其真鬋髮文身越人，則今之瑤、僮、平鬃、狼、黎、岐、疍諸族是也。」黃佐和屈大均所說的廣東漢文化的演進歷史並不完全可靠，除廣東人自身外，大抵都得不到承認。明廷中仍有不少人稱袁崇煥為「南蠻」、「蠻子」，與稱女真、滿人為「北虜」、「東夷」也差不多。但歷史就是如此，別人越不承認，則越要找點依據或做點什麼來證明給別人看。晚明廣東士人認為，不僅風俗、人種如此，連詩詞歌賦也是廣東保持著正宗華夏之風。屈大均《廣東新語》卷十二《詩社》中記，區懷瑞就說過：「國朝之文章，自北地以還，歷下繼之，盛於嘉隆而即衰於嘉隆。其病在誇大而不本之性

情，率意獨創而不師古，遂使唐宋昭代，畛分為三，聲氣之元，江河不返。」獨晚明廣東詩人群體，「所著悉溫厚和平，光明麗則，絕不為新聲野體，淫邪佻蕩之音，以與天下俱變，是皆嶺南之哲匠也」。

《圖詩》諸子的詩中，把這種大漢族主義的民族優越感發揮到極致。如鄺露的餞別詩云：「漢苑聲華識弭貂，鶯花吹送木蘭橈。新攜馬骨雄燕市，舊賜龍泉掛斗杓。供帳夜懸南海月，談鋒春落大江潮。長楊況值誇胡日，絕漠何人更射雕。」一面是「漢苑聲華」，一面是「貂」、「胡」、「雕」，以為憑藉天朝上國之威就可以「談鋒春落大江潮」。彭昌翰詩的主題也是如此。他寫道：「露布淋漓墨未乾，威名異域膽猶寒。彤雲繚繞麒麟閣，駿馬驂獮豸冠。一卷素書終報國，十年青鬢兩登壇。徂東雨雪重來日，楊柳依依夾道看。」梁稷詩也有云：「專征提斧鉞，屬國拜旌旄。白羽搖金甲，黃雲照寶刀。良材供楛矢，美酒勝葡萄。要使胡塵掃，今年太白高。」

這種民族的優越感，要以天朝上國之威對敢於作亂的少數民族大肆征伐的心態，勢必產生輕視敵人的後果。事實果然如此，《明史》卷二百五十九《袁崇煥傳》中云，崇禎帝在「平臺召對」中問袁崇煥復遼方略，袁崇煥不假思考就許諾，「五年全遼可復」。依當時明清實力的對比，依袁崇煥的指揮能力，守遼應該沒有問題，但是五年復遼則不具備條件。與君無戲言，袁崇煥從此背上沉重包袱，為日後一連串軍事上的失誤埋下伏筆。袁崇煥的輕諾與他深受這些粵籍幕客的影響是互為表裏的。晚明人張岱是看到這一點的。張岱於《石匱書後集》卷十一《袁崇煥列傳》中說：「袁崇煥短小精悍，形如小猱，而性極躁暴，攘臂談天下事，多大言不慚，而終日夢夢，墮幕士雲霧中。」張岱此言是在袁崇煥冤案未白之前，難免偏激，但也指出了袁崇煥及其幕客的最大毛病。

這種民族的優越感，又促成《圖詩》中的大多數人物在明清交

替、天崩地解的社會變動中，保持了崇高的民族氣節，演出了一幕幕悲壯的戲劇。後人陳伯陶在總結粵人抗清的歷史時，於《勝朝粵東遺民錄‧自序》中說：「明季吾粵風俗，以殉死為榮，降附為恥，國亡之後，遂相率而不仕不試，以全其大節」；「故貳臣傳中，吾粵士大夫乃無一人」；「此亦可見吾粵人心之正，其敦尚節義，浸成風俗者，實為他所未嘗有也」。依筆者考察這段歷史所見，粵人反清，與其說是懷念舊王朝，反對新王朝，倒不如說是大漢族主義的民族優越感作祟，以正宗漢文化衛士自居來反對外族入主中國，這才是事物的真正本質。

　　《圖詩》也反映了作者們深受儒家忠君愛國傳統思想的薰陶，渴望保疆衛國、建功立業的精神。陳子壯與袁崇煥有著大致相同的經歷，袁崇煥的復出，意味著陳子壯也將重新受到重用，陳子壯也期待著有機會去「中興」明王朝。陳子壯詩云：「曾聞綏帶高談日，黃石兵籌在握奇。迴紇傳呼惟郭令，召公受策自淮夷。追鋒北向趨三事，露布東征寵六師。此去中興麟閣待，燕然新勒更何辭。」而投筆從戎，追隨袁崇煥督師遼東的幕客傅於亮、鄧楨、梁稷等人，他們的詩半是歌頌袁崇煥，半是表白他們渴望建功立業的心願。傅於亮詩云：「運籌前後著勳殊，拊髀頻催入帝都。圯上有書留報漢，胸中操算立降胡。天山自昔憑三箭，遼左而今仗一夫。秉鉞紛紛論制勝，笑談尊俎似君無？」鄧楨詩云：「身歷四朝元未老，城如萬里洵加堅。可知橫草無如此，見說分茅即在焉。勒石只堪標懿績，具瞻還為表淩煙。」都想到留名史冊，彪炳汗青了。

　　在這種氛圍下，《圖詩》的主角袁崇煥也同樣充滿激情。袁崇煥也賦詩一首《過訶林寺口占》，詩云：「四十年來過半身，望中祇樹隔紅塵。如今著足空王地，多了從前學殺人。」詩中表達的情結與心態已與剛回廣東時的心態完全不同。剛回廣東時，一會兒說要在羅浮山

構室，一會兒說要出家修善。現在卻說要建功立業，不惜殺戮了。到了遼東，袁崇煥在《再出關》詩中又云：「重整舊戎衣，行途賦采薇。山河今尚是，城郭已全非。馬自趨風去，戈應指日揮。臣心期報國，誓唱凱歌歸。」

但是，袁崇煥報國的宏偉大略還沒來得及施展，就由於種種原因，袁崇煥便被崇禎帝逮下獄，不久便處以極刑。臨刑時，袁崇煥作《臨刑口占》詩：「一生事業總成空，半世功名在夢中。死後不愁無勇將，忠魂依舊守遼東。」念念不忘仍是「事業」、「功名」，忠君愛國。崇禎帝殺掉袁崇煥，袁崇煥的「一生事業總成空」了，但袁崇煥的死，卻直接加速了明王朝的滅亡。《明史》卷二百五十九《袁崇煥傳》載：「自崇煥死，邊事益無人，明亡徵決矣。」

古代文人這種渴望為國出力、建功立業的願望是建立在一個明君之基礎上的，萬一遇上的是個昏君，不僅願望落空，且性命難保。而明朝末代皇帝崇禎恰恰是一個度量狹隘、猜忌心極重、反覆無常的昏君，因此，《圖詩》中的歷史人物也就不能不大都落得個國破家亡的結局。

阮元與《廣東通志》的編纂

清代嘉道年間，阮元主持修纂的《廣東通志》（以下簡稱《阮通志》），歷來為史志專家所尊崇，給予很高的評價。如一代學人梁啟超就曾評說：「大約省志中，嘉道間之廣西謝志，浙江、廣東阮志，其價值久為學界所公認，道光間之畿輔李志、山西曾志、湖南李志……率皆踵謝、阮之舊，而忠實於所事，抑其次也。」[150]明清方志以數千計，

---

150 梁啟超：《中國近三百年學術史》（臺北市：東方出版社，1996年），頁373。下引該書同此版本，不再另注。

《阮通志》為何能位居前列？《阮通志》之價值又體現於何處？這些
問題學界似未深究，下面擬就此作些探討，以補這方面研究之不足。

一

　　要修纂出一部高質素的省志其實並不容易，必須具備許多主客觀
的條件。對此梁啟超也曾作過頗有見地的專論。他說：「昔人極論官
修國史之弊。蓋謂領事者皆垂老之顯宦，不知學問為何物；分纂人員
猥濫，無所專責，雖有一二達識，不能盡其才」；「方志地位，雖亞於
國史，然編纂之形式，率沿唐後官局分修之舊，故得良著甚難，而省
志尤甚。必如謝蘊山、阮芸臺之流，以學者而任封圻；又當承平之
秋，史事稀簡；門生故吏通學者多；對於修志事自身有興味；手定義
例，妙選人才分任而自總其成，故成績斐然也」。[151]從《阮通志》修
纂之背景看，它顯然是具備了這些成功因素的。

　　第一，關於「盛世修志」的問題。清王朝自康熙繼位後，戰亂漸
趨平息，社會經濟亦已復蘇，為了鞏固全國統一大局，促進經濟發展
高潮的到來，清朝統治者十分重視地方志修纂的工作。康熙十一年
（1672年），保和殿大學士衛周祚上疏，要求各省纂修通志，以作匯
輯《大清一統志》之用。康熙允其所奏，詔令「直省各督撫聘集夙儒
名賢，接古續今，纂輯通志」[152]。雍正六年（1728年），雍正又下
令：「各省督撫，將本省通志重加修輯，務期考據詳明，採摭精當，
既無闕略，亦無冒濫，以成完善之書。」雍正還把修志品質之優劣，
作為對督撫職任的考覈內容：「如所纂之書，果能精詳公當，而又速

---

151 同上。

152 〔康熙〕《山西通志·條議》，轉引自劉緯毅：《中國地方志》（北京市：新華出版
　　社，1993年），頁104。

成，著將督撫等官，俱交部議敘；倘時日既延，而所纂之書，又草率
濫略，亦即從重處分。」[153]其後，清代便形成了方志六十年一修的慣
例。在阮元之前，清代廣東已開展過兩次大規模的修志活動。其一是
金光祖監修的《廣東通志》，他接旨後於康熙十二年（1673 年）秋開
局纂輯，前後歷時三年，嘗稱「三易其稿」，至十四年（1675 年）稿
成，凡三十卷。但當時由於金光祖本人一度「附逆」的問題以及「三
藩之亂」所引起的形勢變化，使金志一直拖延至康熙三十六年（1697
年）才得以刊刻面世。其二是郝玉麟監修的《廣東通志》，他奉旨後
於雍正八年（1730 年）六月設局纂修，翌年五月全書告竣，共六十
四卷。按理說，乾隆朝亦應進行省志的重修，事實上乾隆帝早於乾隆
二十九年（1764 年）十一月初一日即已發出上諭：「《一統志》自纂
修竣事以來，迄今又二十餘載，不獨郡邑增汰沿革，隨時理宜一一匯
訂，且其中記載體例，徵引詳略，亦多未協。……亟應移取各省通
志，重加纂輯，以成全書。」[154]然此事卻由於種種原因尤其是在編纂
《四庫全書》過程中禁書與禁忌太多而一直被拖延下來，直到嘉慶二
十三年（1818 年）國史館為完成《一統志》的重編任務，再次行文
敦促各省呈送本省通志以備「採擇」，故嘉慶末年遂有修志之舉，究
其實則是乾隆朝修志工作的「補課」。

　　阮元監修《廣東通志》是在嘉道年間，此時清朝之國力雖已大不
如康乾時期，但在統治者眼中仍不失為「盛世」。如他們在刊印《嘉
慶一統志》時於序中就公開宣稱：「我大清之受天命有天下，增式廓
而大一統者，於今二百年。」依然是一派自負心態。盛世修志，督撫
責無旁貸，向以振興文教為己任的阮元自然更樂舉此業。嘉慶二十二

---

153 《清實錄・世宗實錄》卷七十五《雍正六年十一月二十八日》條。
154 《清實錄・高宗實錄》卷七百二十二《乾隆二十九年十一月戊申》條。

年（1817年）九月，阮元出任兩廣總督兼署廣東巡撫事，嘉慶二十三年（1818年）底即奏請纂修《廣東通志》。他在奏章中稱：「臣等檢閱《廣東通志》，係雍正九年所修，閱今幾及九十年，其間沿革損益甚多，且原書體例本未盡善。欽定《四庫全書提要》稱其冗蔓舛駁，應即乘此查取事宜之時，將《通志》詳加纂正，以事宜為《通志》張本，即以《通志》為事宜總匯，既上供史館探擇，而下備本省掌故，實為一舉兩得。」[155]奏章經嘉慶「硃批」後，阮元於嘉慶二十四年（1819年）初設立志局，正式開始了重纂《廣東通志》的大業。可見阮元修志在某種意義上說仍是與「盛世」聯在一起的。

第二，關於阮元在修志中的領導作用。歷來官修史志，其監修者大多以官位掛名。然阮元則不同，其居中之領導作用是相當突出的，阮元自身淵博的學識、豐富的從政以及學術經歷，更是《阮通志》獲得成功的重要因素。

阮元，字伯元，號芸臺，江蘇儀徵人。去世後獲賜諡文達，故後人多稱之為文達先生。阮元從乾隆五十四年（1789年）成進士，到道光十八年（1838年）以老病致仕，經歷了整整五十年的為官生涯。在督粵前曾歷任編修、詹事、山東學政、浙江學政、禮部、兵部、戶部侍郎、經筵講官兼國子監學、浙江巡撫、河南巡撫、江西巡撫、湖廣總督等要職，出任兩廣總督可說是他仕途的頂峰。阮元不僅是一位政績卓著的封疆大吏，而且是一位具有很高造詣的學術大師。在監修《阮通志》之前，阮元編撰、整理及刻印之典籍甚豐，主要有：《考工記車製圖解》、《石渠寶笈》、《山左金石志》、《兩浙金石志》、《小滄浪筆談》、《經籍籑詁》、《疇人傳》、《兩浙軒錄》、《衡文瑣言》、《兩浙防護錄》、《淮海英靈集》、《十三經校勘記》、《皇清碑版

---

155 阮元：《廣東通志》卷首《奏章》，頁1。

錄》、《瀛舟書記》、《十三經經郛》、《海運考》、《漢延熹西嶽華山碑
考》、《四庫未收百種書提要》、《國朝儒林傳》以及《浙江通志》等。
阮元晚年曾頗為自豪地說:「回思數十載,浙粵到黔滇;籌海及鎮
夷,萬緒如雲煙;役志在書史,刻書卷三千。」[156]又云:「浮沉宦海
如鷗鳥,塵死書叢如蠹魚。」[157]可見在阮元心目中,學術成就是重於
政績的。事實上,阮元之著述及刊刻之典籍都得到了很高的評價。當
時著名學者龔自珍曾經評說:阮元在訓詁之學、校勘之學、目錄之
學、典章制度之學、史學、金石之學、九數之學、文章之學、性道之
學、掌故之學等方面均有建樹,「凡若此者,固已匯漢、宋之全,拓
天人之韜,泯華實之辨,總才學之歸」。[158]今人侯外廬先生也說:「阮
元是扮演了總結十八世紀漢學思潮的角色。」[159]

　　阮元不僅具有十分深厚的學術功底,而且確實為纂修《廣東通
志》傾注了大量的心血與精力。其一,《阮通志》的體例結構是他親
自刪定的。正如他在《序言》所說:「元蒞兩廣,閱《廣西通志》,乃
嘉慶初謝中啟昆所修,喜其載錄詳明,體例雅飭。」於是,確定新修
通志「大略以《廣西通志》體例為本,而有所增損」[160]。其二,《阮
通志》參修底本也是阮元選定的。考廣東之有通志,實始於明代,在
《阮通志》之前,曾有過五部不同年代的省志,即嘉靖十四年(1535
年)戴璟所撰的通志初稿四十卷;嘉靖三十六年(1557年)黃佐所撰

156 阮元:《揅經室續集》卷十《香山知非篇》,《叢書集成初編》本(上海市:商務印
　　書館,1935年),頁286。下引該書同此版本,不再另注。
157 陳康祺:《郎潛紀聞初筆》卷八《紀文達公逸事二則》(北京市:中華書局,1984
　　年),頁179。
158 龔自珍:《阮尚書年譜第一序》,《阮元年譜》附錄三(北京市:中華書局,1995
　　年),頁273-274。
159 侯外廬:《中國思想通史》第五卷(北京市:人民出版社,1956年),頁577。
160 阮元:《揅經室二集》卷八《重修廣東通志‧序言》,頁540。

的黃志七十卷；萬曆二十九年（1601 年）郭棐所纂的郭志七十二卷；康熙十四年（1675 年）金光祖所修的金志三十卷；雍正九年（1731年）郝玉麟所修的郝志六十四卷。經過阮元之精審與比較，他認為：「各書多就殘佚，惟黃志為泰泉弟子所分撰者，體裁淵雅，僅有存本，今求得之，備加探錄。」[161]《阮通志》正是根據阮元這一意見決定以「黃通志」為參修底本的。其三，修撰《阮通志》的主要成員，如提調、總纂等均由阮元選定。阮元在上疏請求設局修志時就做出提名，「委糧道盧元偉為提調，延辛卯翰林原浙江溫處道陳昌齊、辛酉翰林劉彬華、江蘇監生江藩等分任纂校」[162]，及至開局時，提調增加了高廉道署督糧道葉申萬，總纂則增加了翰林院庶起士謝蘭生。至於提調一職主要是以行政、財政角度確保修志能夠順利進行，這對於整個修纂工作是不可或缺的。其四，修志所需的龐大經費也是阮元一手籌措的。在奏請設局之時，阮元稱：「所有經費等項，俱係籌捐撙節辦理。」[163]至於這次修志所耗資財數目多少已難考究，但從其龐大的修纂人員名單、嚴格的分工、浩大的卷秩來看，想必數目不菲。此外，阮元還自始至終關注《阮通志》的修撰進度。道光二年（1822 年），《阮通志》纂成，阮元即上《奏為纂修廣東通志告成恭繕正本敬呈御覽》折，並表明除正本送呈御覽收歸史館外，還打算「起緊刊刷」[164]。阮元原預計修新志「約計一年餘可以成書」，然實際上共耗時三年有餘，主要原因就是為了保證成書之品質。從上述可見，阮元之署名《廣東通志》「總裁」，並非憑藉粵督職位浪得虛名，而是一位出色的、名責相符的總裁。

---

161 阮元：《揅經室二集》卷八《重修廣東通志・序言》，頁541。

162 阮元：《廣東通志》卷首《奏章》，頁1。

163 同上。

164 同上。

二

　　《阮通志》編纂之能獲得較高品質，除阮元本人居中領導作用
外，其編纂班子的組成也是一個相當重要的因素。從實際情況看，是
志的具體修撰者絕大多數是具有真才實學之士人。查在《阮通志》中
有署名的編撰者共三十二人，他們是：總纂陳昌齊、劉彬華、江藩、
謝蘭生；總校刊葉夢龍；分纂吳蘭修、曾釗、劉華東、胡、鄭灝若、
余倬、崔弼、吳應逵、李光昭、方東樹、馬良宇；分校許玠、鄭兆
玠、韓衛勳、江安、謝光輔、熊景星、黃一桂、吳梅修、鄭淳、趙古
農、鄭蘭芳；收掌虞樹寶；繪圖李明澈；探訪馮之基、儀克中；掌管
錄錢漳。咸豐七年（1857 年），《阮通志》初版毀於戰火，今天我們
通常見的版本是同治三年（1864 年）重新製版刊印的。參與再版重
刊工作的共六人，他們是：總理梁綸樞、陳日新；總校史澄、譚瑩、
陳澧；收掌譚懋安。在上述名錄中，有些是早已成名的碩儒，有些是
初露崢嶸的新秀俊彥，有些是隨阮元入粵之外省籍名士，但更多的是
粵籍文化精英。他們當中有些雖是未有科名的監貢生員，甚或還有道
士布衣諸色人等，然而他們大多學有所長，或通經懂史，或能詩善
文，或精於輿地，或熟諳掌故，從而被阮元羅致局中，通過修志一展
其才。這也說明阮元在識拔人才方面不重科名而重實學。下面僅就其
中幾個關鍵人物作一評述。

　　陳昌齊，字賓臣，海康人，乾隆三十六年（1771 年）進士，選
庶起士，入翰林，授官編修，曾充《三通》、《四庫》、國史諸館纂修
官，後任河南道監察御史，兵科、刑科給事中，浙江溫處道等職，嘉
慶十四年（1809 年）致仕。賦閒家居，受雷州知府禮聘主修《雷州
府志》和《海康縣志》，具有相當豐富的修志經驗。陳昌齊在《雷州
府志・序》自言，他修志「志人志地，均詳細考訂，無有舛互而後筆

於書」；「有採之舊志者，則注明出處，不敢掠美雲」。陳昌齊不僅是一位治學嚴謹的修志方家，且長於考據及輿地之學，在天文曆法等方面也有較深的研究，曾撰《天學勝說》、《測天約術》等書，受到當時漢學大師戴震、邵二雲、王念孫等人推許。[165]阮元禮延陳昌齊為首席總纂，是看重其淵博學識及豐富經驗，並尊之為翰林前輩。

劉彬華，字藻林，番禺縣人，嘉慶六年（1801 年）進士，改庶起士，散館授編修，應是阮元晚輩。劉彬華「恨先父卒不及見，以母老多病」，請假歸省，不復出。在廣州主講端溪、越華兩書院，在粵省學壇頗負盛望。劉彬華不僅以詩名，撰有《玉壺山房詩鈔》，並選粵人詩輯成《嶺南群雅集》；而且也是修志名家，曾主修《陽春縣志》和《陽山縣志》。（同治）《番禺縣志》卷四十五《劉彬華傳》載，劉彬華積極關心地方建設，嘗稱：「地方事之有利於民者，彬華以為言」，「粵中大吏皆禮重之」，「會修通志，修貢諸舉，皆彬華贊成之。任事不辭勞，亦不與人爭交」。劉彬華是一位既有學問又任勞任怨的實幹家，在「文人相輕」積習氛圍的籠罩下，他在志局中的實幹及居中協調的作用實不容低估。謝蘭生亦博學多才，以詩文書畫見長，為當時粵省著名的鑒藏家和教育家，迭主粵秀、越華、端溪、羊城四書院講席，以作育英才而受阮元賞識，故得以共襄纂修省志之盛舉。

說到「文人相輕」，志局中的江藩與方東樹兩人之間的關係就是典型事例。兩人的爭論，在清代學術史上也佔有重要地位，他們的激烈交鋒，正是與《阮通志》修撰的同時期進行的。江藩，字子屏，號鄭堂，江蘇甘泉人。儀徵與甘泉相鄰，阮元與江藩可說是「同里同學」，關係早已非同一般。[166]江藩科途不暢，以監生身份終，但學術

---

165 支偉成：《清代樸學六師列傳》（長沙市：嶽麓書社，1998年），頁299。

166 阮元：《國朝漢學師承記·序》，江藩：《國朝漢學師承記》（三聯書店，1998年），頁1。

上卻頗負盛名，以治戴（震）、惠（棟）之學著稱。年十八撰《爾雅正字》，深受學界稱道；作《河賦》數千言，人爭傳錄；撰《高宗詩集注》，由大學士王杰進呈，獲乾隆賞識，本擬召見晉用，恰逢林爽文攻陷臺灣，召見一事遂罷。學術上，江藩極力宣揚漢學而貶損宋學。曾著《國朝漢學師承記》，對漢學之頌揚達到了無以復加的地步；又著《國朝經師經義目錄》和《國朝宋學淵源記》，對宋學任情貶損。以致後人評說：「鄭堂宗漢學，而是書記宋學淵源，臚列諸人，多非其所心折者，固不無蹖瑕抵隙之意。至羅臺山孝廉傳，痛詆之幾無完膚，其人苟無可取，亦何必為之立傳，甚矣！」[167]然基於學術觀點一致及「同里同學」諸原因，阮元顯然偏愛江藩。先是資助江藩刻印上述三書，並親自為《國朝漢學師承記》作序，備加讚揚。次是江藩幕金優厚，僅修志一項，「書成，修脯累千金」。但江藩生性狂放，不僅「千金隨手揮霍略盡」，且「每被酒，輒自言文無八家氣，對目為狂生」，甚至對阮元「亦頗有違言」，對此阮元從愛才觀念出發亦予以容忍。[168]面對阮元的偏愛，江藩的狂放及其對宋學的攻訐，激起了以宋學傳人自詡的方東樹的強烈不滿。

方東樹，字植之，晚號儀衛主人，桐城人，亦未有科名，以諸生身份終。方東樹飽覽經史，兼擅詩文，阮元重其才，聘之為《阮通志》分纂，次年又入新建學海堂講學。章太炎曾說，此人「亦略識音聲訓故，其非議漢學，非專誣讕之言」[169]。為了反擊江藩對宋學的貶損，方東樹著《漢學商兌》一書，逐一抨擊江藩《國朝漢學師承記》所列的漢學大師，並且指出：「近世有為漢學考證者，著書以闚宋

---

167 伍崇曜：《國朝宋學淵源記‧跋》，江藩《國朝宋學淵源記》（三聯書店，1998年），頁231。下引該書同此版本，不再另注。

168 伍崇曜：《國朝宋學淵源記‧跋》，江藩《國朝宋學淵源記》（三聯書店，1998年），頁231。

169 傅傑編校：《章太炎學術史論集》（北京市：中國社會科學出版社，1997年），頁329。

儒，攻朱子為本，首以言心、言性、言理為厲禁。海內名卿巨公，高才碩學，數十家遞相祖述，膏唇拭舌，造作飛條，竟欲咀嚼。」進而指責漢學「名為治經，實足亂經，名為衛道，實則叛道」[170]。清朝前期雖提倡漢學，但仍尊奉宋學為正宗，科舉選士，均以程朱之學為依據。顯然，方東樹之辯已有些超出學術爭論的範圍，把阮元、江藩等人尊崇黃宗羲、顧炎武之學說成勢必「為害於家國」、「歧於聖道」、「亂經叛道」。按方東樹自序落款，可知《漢學商兌》成書於道光六年（1826年）。而這一年，正是阮元奉旨遷任雲貴總督。這一遷調，應看做是阮元在仕途上走下坡路開始的。當阮元離粵時，方東樹還特意送阮元《漢學商兌》一書，意圖說明正確是在自己一方。

我們之所以回顧這段學術史上的公案，並非是要對阮元、江藩與方東樹之間關於漢學、宋學是非之爭做出裁斷，而是要說明，阮元在組織志局班底時對於各種學術流派（包括與自己見解相左的流派）是兼收並蓄的，在修志過程中學術爭論是自由的，絕不搞「一言堂」，這就有利於編出高品質的新通志。

通過修志，阮元不僅讓宿儒們繼續有所作為，而且還培養了一大批學術人才。曾參與修志的曾釗、譚瑩、陳澧等人，後來都成為晚清一代碩儒。阮元通過創辦學海堂從教育上培養學術人才，又通過修志從實踐上加以鍛鍊，從而為近代嶺南學壇人才輩出、廣東學術文化大盛奠定了堅實的基礎，其意義實不容低估。

三

由此可見，阮元修志在主客觀兩方面確實具備了許多有利條件。

170　方東樹：《漢學商兌・序例》（三聯書店，1998年），頁235。

然《阮通志》優長之處何在?其特點又體現在什麼地方?這仍需要作進一步的探討。

第一,《阮通志》的體例架構既全面又十分完善。是書共三百三十四卷,分「訓典」、「四表」、「十略」、「二錄」、「九列傳」和「雜錄」。其中,訓典輯錄清代皇帝的訓諭;四表分郡縣沿革表、職官表、選舉表、封建表;十略是輿地略、山川略、關隘略、海防略、建置略、經政略、前事略、藝文略、金石略、古跡略;「二錄」是宦績錄、謫宦錄;「九列傳」包括人物傳、列女傳、耆壽傳、方技傳、宦者傳、流寓傳、釋老傳、嶺蠻傳、外蕃傳;另加「雜錄」。

若將阮元主修的《廣東通志》與謝啟昆的《廣西通志》相比較,不難看出《阮通志》大體上是參照謝啟昆之《廣西通志》。其原因是這種體例佈局合理、層次清晰,既照顧溯本追源,又整體反映現狀。不過《阮通志》對《廣西通志》的體例也有調整,主要在省去《土司傳》,增加《海防略》和《雜錄》。筆者認為,這一增刪調整是完全符合廣東實際情況的,也是非常必要的。

明清廣東政區,有著全國最漫長的海岸線。《阮通志・海防略》分「東路、中路、西路、圖、兵船、占驗、水醒、水忌、風信」等目,共二卷。《海防略》詳論了歷代廣東海事、各路要塞關防、攻防戰守諸事,而最有價值的是附圖二十張。明清廣東海疆乃多事之秋,先是倭寇竄擾,後是西方殖民者東來,加上東南亞及浙、閩、廣沿海諸色海上武裝集團的猖獗活動,從而引起明清統治者的高度重視,各類海防圖志便不斷湧現。而阮元的顯赫政績大多與鞏固海疆有關,及其督粵更不例外。阮元甫抵任,即「往海口閱兵,登沙角炮臺閱水師,即乘水師提督之兵船,過零丁、雞頸諸外洋,遍觀內外形勢及澳門夷市情形」。經實地視察後,即奏建大黃窖、大虎山炮臺,與鎮

遠、橫當炮臺構成「重門之勢」，扼珠江口之咽喉。[171]下引該書同此版本，不再另注。這正是《阮通志》的精華所在，所附海圖二十張在當時具有極高的軍事實用價值，至今仍是瞭解鴉片戰爭前夕廣東海防的重要史料。

然而，長於廣東史志研究的林天蔚先生卻對此批評說：「《海防圖》是圖似襲自明代《粵大記》、《武備志》、《籌海圖編》、《蒼梧總督軍門志》等，但未書名。」[172]筆者認為林先生這一批評實欠公允。凡屬輿圖均存在形似問題，關鍵在於位置標識及其準確度。我們認真對照了林先生所示諸書與《阮通志》中的海防圖，不難發現《阮通志‧海防圖》比其它諸圖優勝許多，準確得多，甚至比康熙年間進呈的《廣東輿圖》還要精確。它們之間並不存在抄襲的問題。查《阮通志》所有繪圖均出自李明澈之手。李明澈乃廣州純陽觀道士，入志局前已是著名的天文學家，曾著《圜天圖說》等，至今純陽觀內仍留有李明澈所用古觀天象臺遺址。阮元力邀李明澈出山參與修志，正是看重他具有淵博的天文地理知識。事實上，阮元對《廣東通志》中大量增加地圖頗為自負。他說：「古人不曰志，而曰圖經，故圖最重。宋王中行等廣州圖經，不可見矣，今則一縣一州為一圖，沿海洋汛又為長圖，按冊讀之，燦然畢著矣。」[173]故《阮通志》所附海圖之價值，是值得充分肯定的。

阮元修《廣東通志‧雜錄》（以下簡稱《雜錄》）一目，則屬創新。我們知道，作為一省總志，章目分類無論如何細密，都不可能總

---

171 張鑒等：《雷塘庵主弟子記》卷五，《阮元年譜》（北京市：中華書局，1995年），頁125-126。

172 林天蔚：《方志學與地方史研究》（臺北市：臺灣南天書局，1995年），頁164。下引該書同此版本，不再另注。

173 阮元：《揅經室二集》卷八《重修廣東通志‧序》，頁540。

括天下所有事，總會碰上一些很重要而無所歸類的事物。創設《雜錄》一目便能完善地解決這一難題。過去人們對《雜錄》重視不夠，以為只是記載些離奇怪誕的事情。其實，只要我們細心批閱，還是可以發現不少極為珍貴的史料。如過去人們在論及韓愈詩《左遷至藍關示侄孫湘》時，以詩中「雪擁藍關馬不前」一句即斷定嶺南無雪，故詩不是在廣東藍關時作。其實，唐代廣東常有雪。《雜錄》載：「唐許渾詩：河畔雪飛楊子宅。楊子，漢議郎楊孚也。」這就是唐代廣州下大雪的有力證據。又如，珠江三角洲一帶盛產一種類蟹小動物「蟛蜞」，專食水稻禾蕊，危害極大，當地有養鴨農夫飼鴨專食蟛蜞，鴨糞還有肥田作用。然明代成化年間兩廣總督韓雍「不知鴨埠乃所以利農也，疑埠主為豪戶，侵牟小民之利者也，革去埠主」。自此蟛蜞失去天敵，肆虐為害，致水稻失收，養鴨戶又頓失生計，於是農夫與鴨戶「合黨並力以拒官兵」，演化成農民暴動。其後，「陳巡撫主議復洪武間鴨埠之制，定地為圖，法極詳密」，才平息了動亂。《雜錄》不僅詳載此事，而且指出此乃「百世可式者也」[174]。此外，《雜錄》一目還記述了不少粵省自然環境的變遷、嶺南獨特的風土人情以及統治者失察民事的事例，這些都值得我們關注與肯定。

第二，《阮通志》的史料價值很高，其選材十分廣泛。阮元說，除各種方志外，「元家藏秘笈，如宋王象之《輿地紀勝》等書，亦多采錄，是以今志閱書頗博，考古較舊加詳，而選舉、人物、前事、藝文、金石各門亦皆詳覈」[175]。然至今尚未見有人整理出《阮通志》所徵引的全部書目，因而在此不可能一一列舉。我們僅就《輿地略・風俗》一門（卷九十二和卷九十三）進行整理以作說明。在這兩卷中，

---

174 阮元：《廣東通志》卷三百三十一《雜錄一》，頁5677。
175 阮元：《揅經室二集》卷八《重修廣東通志・序》，頁541。

《阮通志》徵引的府州縣志共達六十五種；徵引其它重要典籍則有：
徐堅《初學記》，桓寬《鹽鐵論》、《文選》、《太平御覽》，任昉《述異
志》、《通典》，歐陽詢《藝文類聚》、《朝野僉載》，劉恂《嶺表錄
異》，趙德麟《侯錄》，吳處厚《青箱雜記》，蔡絛《鐵圍山叢談》，黃
瑜《雙槐歲抄》，朱彝尊《明詩綜》，李調元《粵東筆記》，王勃《淨
慧塔》，段公路《北戶錄》，李昂英《重修南海縣志序》，王中行《遷
學記》、《天山草堂集》、《大清一統志》，李渤《司空廟碑》，余靖《武
溪集》、《輿地紀勝》、《明統志》、《太平寰宇記》、《東坡詩集》，楊載
鳴《郡志序》、《昌黎文集》，吳震方《嶺南雜記》、《包孝肅集》、《地
圖綜要》，孔鏞《城隍廟記》，徐兆魁《曾公祠記》，李元暢《演武亭
記》，周去非《嶺外代答》、《國史補》，蘇轍《穎濱集》，張拭《思亭
後記》，蘇軾《伏波廟記》、《東坡志林》，尹鳳歧《瀧水縣記》，陳獻
章《學記》，等等，共四十三種。僅此兩卷徵引文獻即達百餘種。阮
元所稱「閱書頗博，考古較舊加詳」，看來絕非誑言。如現存廣東最
早的摩崖長篇石刻《羅定龍龕道場銘並序》就是由《阮通志》首次收
入文獻之中。《阮通志・金石略三》載：「《龍龕道場銘》，在羅定州龍
岩，金石家皆未著錄。」是阮元派儀克中親訪，此銘才得以公諸於
世。該銘全文達一千二百一十三字，是瞭解唐代歷史及廣東開發史、
佛教史的極其珍貴的史料。《阮通志》還自覺不自覺地運用了「詩文
證史」和「金石證史」的手法。如利用了《曲江集・開大庾嶺記》和
《張九齡神道碑》，重新確定了開嶺始於唐玄宗開元四年，糾正了
《新唐書》上的開元十七年的錯誤說法[176]。

　　第三，《阮通志》的編纂手法很有特點。《阮通志》採用大字正
文、小字箋案的做法，較好地做到追本溯源、完整地表述事物的演

---

176 阮元：《廣東通志》卷二百零一《金石略三》，頁3646-3647。

化。如對廣東七月「盂蘭會」和「七巧節」就是這樣敘述的。正文引
李調元《粵東筆記》:「七月初七夕為七娘會,乞巧沐浴天孫聖水,以
素馨、茉莉高結於尾艇,翠羽為篷,遊泛沉香之浦,以錄星槎。十四
祭先祠、屬為盂蘭會。相餉龍眼、檳榔曰結圓。」「盂蘭會」、「七巧
節」至今仍是廣東獨特的民間節日,盛行於今廣州荔灣一帶。對這一
重要的民間節日、歌會,《阮通志》便列出(唐)韓愈《送鄭尚書赴
南海詩》、(宋)劉克莊《即事四首》、(明)孫《廣州歌》以及(清)
王士禎《廣州竹枝四首》、梁佩蘭《粵曲二首》、杭世駿《珠江竹枝六
首》的相關描述,為我們今天研究古代廣東民間歌會節日提供了清晰
的線索。

　　第四,《阮通志》具有鮮明的由專注考據轉向「經世致用」的時
代特徵。清代漢學,至乾嘉大盛,但也開始暴露出其自身的缺陷。連
一向尊崇漢學的阮元也開始認識到「我朝儒學篤實,務為其難,務求
其是,是以通儒碩學有束髮研經,白首而不能究者」[177],轉而提出要
利用乾嘉漢學的手段去探究歷史的整體及演化的原因。他說:「聖人
之道,譬若宮牆,文字訓詁,其門徑也,門徑苟誤,跬步皆歧,安能
陞堂入室乎?或者但求名物,不論聖道,又若終年寢饋於門廡之間,
無復知有堂室矣。」[178]

　　這種學風的轉變,反映到《阮通志》的編纂上,就是對關乎國計
民生的大事都極為關注,並給予充分的闡述。其中,《輿地略》、《山
川略》、《關隘略》、《建置略》、《經政略》、《前事略》就達一百一十六
卷之巨,其卷秩遠遠超越前代各種《廣東通志》,對一些重大事情的
記載更為詳盡。如粵中桑園圍,地跨南海、順德、三水諸縣,珠江三
支流西江、北江、綏江環繞而過,成為捍衛粵中經濟命脈的水利體

---

177 阮元:《國朝漢學師承記序》,江藩《國朝漢學師承記》,頁3。
178 阮元:《揅經室一集》卷二十一《國史儒林傳序》,頁32。

系。阮元督粵也曾大修水利。《阮通志》便詳記了自明代洪武年間到清代道光年間，歷次潰堤造成的災害、歷任地方官對桑園圍的修葺、修堤經費的籌措及日常管理等等，為後人確保粵中水利安全提供了重要的參考依據。明末清初，西方殖民者東來，成為明清兩代的大事。清初郝玉麟修志，「新增外蕃一門」，《阮通志》「仿郝志之例，備錄外蕃諸傳，以供國史採擇」[179]。此書根據新的形勢，較「郝志」收錄諸國有所增加，新增美國（咪唎堅）、墨西哥（米的哥）、比利時（吡唎）等十七國，對一些重要國家的政治、經濟、軍事、殖民地範圍都有較詳記載，並且認為西方政體分「教化、治世二類。貿易者，治世類；夷僧則教化類也」[180]。它反映了鴉片戰爭前夕中國士大夫對西方諸國的認識水準，也反映了《阮通志》對時代潮流的敏感。

　　第五，歷來方志之流弊以誇飾攀附為甚，但《阮通志》的撰述卻比較客觀，從而較好地解決了這一問題。如歷代《廣東通志》列傳中均首列高固、公師隅兩人。《阮通志》雖仍列兩人，但在「按語」中指出：「固為楚相，豈有去郢適粵之事耶？後人因此附會，固為南海人實無確據也。」又說：「公師隅僅見於《廣東通志》，別無援據，然舊志必有所本，未可驟刪，今破例錄之，亦存古闕疑之意也。」[181]從這種辯證與存疑上可見其科學態度之一斑。又如過往方志讚揚本地人與物，動輒言「甲天下」、「舉世無雙」，《阮通志》卻盡力避免出現這類地方偏見。如在談及「郡人有『石灣瓦，甲天下』之諺」時就客觀地指出：「形制古樸，有百級紋者，在江西窯之上，其餘則質濁釉厚，不堪雅玩矣。」[182]諸如此類的評述還有很多，恕難全述。《阮通

179　阮元：《廣東通志》卷三百三十《列傳六十三》，頁5661。
180　同上書，頁5658。
181　阮元：《廣東通志》卷二百六十八《列傳一》，頁4642。
182　阮元：《廣東通志》卷九十七《輿地略十五》，頁1864。

志》之所以能較好地克服以往志書經常出現的這一通病，一方面與阮元本身治學嚴謹的學風有關；另一方面則是阮元在設志局時有意兼聘粵籍與非粵籍人士共處有直接關係。有眾多有學識的非粵籍人士的積極參與，才可能有全域觀念，才可能編出高品質的志書，這恐怕也是當今修志者應該認真考慮的問題。

阮元主修的《廣東通志》到底有沒有重大失誤？林天蔚先生認為此書有五點「可議之處」[183]。對於這些異議，筆者依據具體情況擬作一些辨析。林先生認為：「八卷《前事略》，始於秦而止於明。……清初事蹟可考，應止於前朝（乾隆）。」[184]其實《阮通志‧前事略》是政治性很強的部分，它止於明，並非纂修者之無知或疏忽，而是基於多種原因。首先，其體例是仿謝啟昆《廣西通志》，「國初收粵及平削尚藩諸巨事，則已載在國史，此志不得記之，與廣西志同例也」。[185]其次，清代文網甚密，尤其是乾隆一朝禁忌更多，凡反清及民主思想均遭嚴屬禁制。廣東乃明末清初重要的抗清根據地之一，欲敘這段歷史，必不可迴避，與其違心撰述或藏首拙尾、語焉不詳地敷衍幾句，倒不如不敘，這是阮元不得已的隱衷。最後，它與阮元的為官生涯也有一定關係。阮元蒙乾隆「知遇厚恩，超列卿貳」，嘉慶親政「復用巡撫，畀以封疆重任」。阮元任浙江巡撫時，全力追剿洋盜蔡牽，並取得決定性的勝績，但此時浙江劉鳳誥科場作弊案發，滿員禮部侍郎托津參劾阮元「不確實察訪，含混復奏，袒庇同年」，被嘉慶帝下令「即著照部議革職」。[186]所謂「袒庇同年」的罪名其實不太可信，況且殊功尚不抵小過，作為漢族官員，阮元官場上的這一教訓是相當深

---

183 林天蔚：《方志學與地方史研究》，頁167-168。
184 同上。
185 阮元：《揅經室二集》卷八《重修廣東通志序》，頁541。
186 張鑒等：《雷塘庵主弟子記》卷三，《阮元年譜》，頁84。

刻的。阮元好不容易東山再起，超擢一般漢員極難染指的兩廣總督要職，最得寵時竟一身兼兩廣總督、兩廣鹽政、攝廣東巡撫、太平關稅務、廣東學政、粵海關稅務等六職。[187]但阮元行政太注重樹碑立傳，阮元幕府龍蛇混雜，清廷對此是不放心的，阮元內心又豈有不明之理，故《廣東通志・前事略》之缺清前期一段乃屬事出有因而非阮元之過，當時阮元所處的時代環境是不能不考慮的。

林天蔚先生還批評《阮通志》引書不夠詳盡：「各郡縣志多未注明纂修者、或刊行年代，因志書均多次重修，若未言明，無從稽考。」[188]我們認為這一批評似是過苛了，畢竟《阮通志》不同於今天的學術著作，《阮通志》的這種注釋方法，其實已符合乾嘉學派的學術規範。我們今天所看到的錢大昕《廿二史考異》、趙翼《廿二史札記》、顧炎武《日知錄》，其注釋也大體如此而已。

至於林天蔚先生所列《阮通志》其它的缺陷，如《經政略・市舶條》欠市舶使名單、《藝文略》列書未盡、個別官員有政績而未入傳等。[189]其實，一部如此龐大規模的省志，出現個別掛漏實在算不上什麼大錯。綜合來說，阮元主修的《廣東通志》，不失為廣東歷史上六部省志中品質最高的一部。至於阮元通過修志培養和鍛鍊了大批學術人才，為大規模興辦書院積聚了雄厚的學術力量，極大地促成省內各地的修志熱潮，推動各項學術研究的蓬勃開展，其影響更是相當深遠的。因此，阮元主修《廣東通志》對振興廣東文教的貢獻是值得充分肯定的。

187　張鑒等：《雷塘庵主弟子記》卷五，《阮元年譜》，頁286。
188　林天蔚：《方志學與地方史研究》，頁167-168。
189　同上。

阮元的實踐觀

在中國的近代化過程中，主流社會對儒學思想基本持否定態度。五四運動時期，思想界提出所謂的「打倒孔家店」，徹底否定儒學思想，甚至把儒學思想看成是造成中國社會發展緩慢以及中國近代被西方列強淩辱的根源；進而鼓吹西方社會價值觀的「民主」、「自由」、「個性解放」，並用來代替儒學思想。由此，數千年來，中國人，尤其是知識分子以及從知識分子中挑選出來的官員，支撐著他們原有的人生觀和價值觀，倫理道德標準是被徹底破壞了；但是，新的、正確的人生觀與價值觀和新的倫理道德標準卻又沒有及時建立起來，其直接的後果是導致民國統治者的更加腐敗以及社會制度的更不合理，人們不得不通過革命的手段來推翻舊政權。1949 年中華人民共和國成立後，在很長的一段時期內，儒學思想仍然是批判對象。「批孔批儒」的運動仍在不斷繼續，並在「文化大革命」時期達到頂峰。人們的價值觀和道德觀仍然是殘缺的。到了 20 世紀 80 年代，人們又認為，造成各種社會問題惡化的根本原因是法制的不健全。於是，政府和法學家們又匆匆忙忙地制定、頒佈了許許多多的法律檔。

總的來說，有法可依總比無法無天要好得多。但有一個相悖的現象產生了，法律檔越來越多，所管的範圍也有越來越泛的傾向，但各種社會問題並沒有徹底解決，反而有更多的人千方百計去鑽法律的漏洞。於是，人們逐漸認識到一條最根本的法則，即法律不可能管到社會的一切現象，法律也不可能取代倫理道德去規範人們的一切行為。因此，重新構建人們的價值觀和倫理道德精神就成為一個重要課題。

顯然，當今中國的思想界和政府領導人重新評估了儒學思想體系，認為儒學思想對重新構建人們的道德觀與價值觀有積極意義。於是，政府不僅不反對，而且宣導人們重新「誦經」，宣導人們重新研

究和學習儒學思想，尤其是在中小學教育中大力推行。如：2001 年中華人民共和國教育部制定全日制義務教育《歷史與社會課程標準》（二）（實驗稿）中要求學生：「列舉古代歷史上的重要事件與人物，說出它（他）們在不同區域和特定時期的突出作用。」其中，首列的就是「孔子與儒家思想」[190]。並建議師生討論「孔子的思想在今天還適用嗎」[191]。依據教育部頒佈課程標準編寫的中學教材也充分體現了這一精神。教材中用較大的篇幅評價了孔子與儒學，充分肯定了孔子「仁」的學說、教學方法以及對古代文獻整理的貢獻等。對儒學發展作出過重要貢獻的思想家董仲舒和朱熹的評價也基本上是肯定的。[192]

　　但是，歷史早已證明，僅僅停留在提倡重新研究並學習儒學思想還是不夠的。在中國，儒學占統治思想的地位已有二千多年的歷史；同時，科舉考試以儒學內容為主，要求考生必須精研儒學思想的規定也有一千多年。可是，在中國古代歷史上，總是貪官多清官少，究其根本原因，不是官員們不懂儒學，而是官員們不能真正把儒學思想付諸做官實踐。在民眾中，也都是「誦經」的人多，能實踐儒學思想的人少。因此，在當今社會中，要想社會風氣有根本轉變，不僅僅是要提倡「誦經」，學習儒家思想，而且要實踐儒學理念。在中國古代，能做到認真鑽研儒家思想並自覺實踐儒學思想的官員並不多，曾在清代乾隆、嘉慶、道光三朝為官的著名學者、高官阮元，應該算是做得比較好的一位。

---

190 中華人民共和國教育部制定：《歷史與社會課程標準》（二）（北京市：北京師範大學出版社，2001年），頁19。

191 中華人民共和國教育部制定：《歷史與社會課程標準》（一）（北京市：北京師範大學出版社，2001年），頁18。

192 韓農主編：《歷史與社會》，第二十一課《三家並立》中《孔子與儒學》（上海市：上海教育出版社，2002年）。

一 阮元實踐觀產生的背景

《清史稿·阮元傳》載:「阮元,字伯元,江蘇儀徵人」;「元,乾隆五十四年進士,選庶起士,散館第一,授編修」。此後,阮元在乾隆、嘉慶、道光三朝中,歷任少詹事、詹事、山東與浙江學政、兵部、禮部、戶部侍郎以及浙江巡撫、湖廣總督、兩廣總督、雲貴總督、體仁閣大學士等高官要職,「道光二十九年卒,年八十有六,優詔賜恤,諡文達」。由於阮元能自覺實踐儒學理念,阮元去世後,道光帝曾御製祭文和碑文,稱他為「歷仕者五十載,冊府銘勳;退居者十二,儒林範德」;「極三朝之寵遇,為一代之完人」。[193]光緒年間,朝廷又分別允許在浙江建阮元專祠,在家鄉入鄉賢祠。在朝廷《賜諡文達原任太傅大學士阮公鄉賢錄事實》中,更歷數了阮元政績、學問、做人的具體事蹟。[194]稱之為「完人」,這恐怕是有過譽之嫌,但語出自皇帝御旨,的確也說明阮元的為官為人,道德文章,是得到朝野輿論一致肯定的。

阮元是一位著名的學者。中國近代著名思想家龔自珍認為,阮元的學術成就包括有:訓詁之學、校勘之學、目錄之學、典章制度之學、金石之學、九數之學、文章之學、性道之學、掌故之學。「凡若此者,固已匯漢宋之全,拓天人之韜,泯華實之辯,總才學之歸。」[195]《清史稿·阮元傳》的評價是帶權威性的:「身歷乾、嘉文物鼎盛之時,主持風會數十年,海內學者奉為山斗焉。」其實,阮元的學術活動雖然廣泛,但核心仍然是儒學研究。阮元在解釋為什麼命名自己的

---

193 道光帝御製阮元祭文及碑文,《阮元年譜》附錄一。

194 〔光緒〕《阮元鄉賢錄事實》,《阮元年譜》附錄二。

195 龔自珍:《龔自珍全集》第三輯《阮尚書年譜第一序》(上海:上海古籍出版社,1971年),頁225-230。下引該書同此版本,不再另注。

文集為《揅經室集》時說：「室名揅經者，余幼學以經為近也。余之說經，推明古訓，實事求是而已，非敢立異也。」阮元的「揅經」活動，最顯著特點就是強調實踐。

阮元研究儒學強調實踐與清代儒學研究發展有密切關係。清代學者淩廷堪認為，清代研究儒學的學者主要分為漢學、宋學兩個流派，但無論是漢學還是宋學，兩大儒學研究流派都有缺陷。宋學者，「自宋以來，儒者多剽襲釋氏之言之精者，以說吾聖人之遺經。其所謂學，不求之於經，而但求之於理；不求之於古訓典章制度，而但求之於心」。漢學者，「好古之士雖欲矯其非，然僅取漢人傳注之一名一物而輾轉考證之，則又煩細而不能至於道」；「於是乎有漢儒經學、宋儒經學之分。一主於故訓，一主於理義也」。[196]然而學界有識之士已認識漢學與宋學兩大學術流派都有缺陷，於是，就有學者嘗試著用新的思路和新的方法來研究儒學。

乾隆年間，著名學者戴震研究儒學兼採宋學和漢學的優點，又摒棄了宋學和漢學的狹隘門戶之見，並重古訓和理義，這是一次創新的嘗試。戴震在《戴震集》文集卷十一《題惠定宇先生授經圖》中說：「夫所謂理義，苟可以舍經而空憑胸臆，將人人鑿空得之，奚有於經學之云乎哉？惟空憑胸臆之卒無當於賢人聖人之理義，然後求之古經。求之古經而遺文垂絕，今古懸隔也，然後求之古訓。古訓明則古經明，古經明則賢人聖人之理義明。而我心之所以同然者，乃因之而明，賢人聖人之理義非他，存乎典章制度者是也。」戴震認為，精故訓和明理義都是研究儒學不可或缺的方法。揚州學派諸學人秉承戴震

---

196 淩廷堪：《校禮堂文集》卷三十五《戴東原先生事略狀》（北京市：中華書局，1998年），頁312。

衣缽,也「大都不惑於陳言,以知新為主」。[197]其後,著名學者焦
循、淩廷堪、龔自珍等也看出恪守治學門戶的弊端。龔自珍還批評了
江藩的《國朝漢學師承記》人為地劃分學術流派的做法。龔自珍在
《與江子屏箋》中說:「大著讀竟。其曰《國朝漢學師承記》,名目有
十不安焉。改為《國朝經學師承記》,敢貢其說。」龔自珍的「十不
安」太長,這裏沒有必要全部引錄,讀者可逕自查閱。既然是「十不
安」,就說明龔自珍與江藩的學術分歧相當嚴重,無法苟同。龔自珍
認為:「若以漢與宋為對峙,尤非大方之言。漢人何嘗不談性道?宋
人何嘗不談名物訓詁?」龔自珍還說:「本朝別有絕特之士,涵詠白
文,創獲於經,非漢非宋,亦惟其是而已矣。」[198]龔自珍認為,真正
有學問的人,是不立學術門戶的,只追求實事求是而已。

　　阮元也看出宋學與漢學各立門派的缺點。阮元在《國史儒林傳
序》說:「綜而論之,聖人之道,譬若宮牆,文字訓詁,其門徑也,門
徑苟誤,跬步皆歧,安能陞堂入室乎?學人求道太高,卑視章句,譬
猶天際之翔出於豐屋之上,高則高矣,戶奧之間,未實窺也。或者但
求名物,不論聖道,又若終寢饋於門廡之間,無復知有堂室矣。」[199]
於是,阮元提出要「持漢宋學之平」。不僅要「持漢宋學之平」,阮元
的新思路強調:研究儒學必須與實踐相結合,才能準確領悟儒學精神
實質;研究儒學必須言行一致;研究儒學的最終目的在於實踐儒學理
念。為此,阮元著《釋達》、《論語解》、《論語一貫說》、《大學格物
說》、《論語論仁論》、《孟子論仁論》、《性命古訓》、《釋心》、《復性
辨》等名篇,詳論儒學學習、研究與實踐的關係。

---

197 支偉成:《清代樸學大師列傳》,《皖派經學家列傳第六‧敘目》(長沙市:嶽麓書
　　社,1998年),頁76。
198 龔自珍:《龔自珍全集》第四輯《與江子屏箋》,頁346-347。
199 阮元:《揅經室一集》卷二《國史儒林傳序》,頁32。

二　阮元實踐觀的理論

阮元在《釋達》篇中論述了實踐在儒學學習中的地位。阮元說：「達之為義，聖賢道德之始。古人最重之，且恒言之，而後人略之。」什麼是「達」呢？阮元說：「達也者，士大夫智類通明，所行事功及於家國之謂也。」阮元又說，「聞」與「達」不是在同一境界的。阮元引孔子的話說：「夫達也者，質直而好義，察言而觀色，慮以下人，在邦必達，在家必達。夫聞也者，色取仁而行違，居之不疑，在邦必聞，在家必聞。」阮元又引曾子語：「不能則學，疑則問，欲行則比賢。」阮元綜合孔子、曾子對「達」的解釋後下結論說：「所謂達者，乃士大夫學問明通，思慮不爭，言色質直，循行於家國之間，無險阻之處也。」阮元：《揅經室一集》卷一《釋達》，第25頁。阮元強調，儒學研究不能只求「聞」，而要既「聞」且「達」，學習研究儒學的最終目的在於「家國之間」，在於實踐。

阮元在《論語解》篇中再次強調了學習與實踐的關係。阮元說：「學而時習之者，學兼誦之、行之。凡禮樂文藝之繁，倫常之紀，道德之要，載在先王之書者，皆當講習之，貫習之」；「時習之習，即一貫之貫。貫主行事，習亦行事。故時習者，時誦之，時行之也」；「聖人之道，未有不於行事見，而但於言語見者也」。「故學必兼誦之、行之，其義乃全」。阮元：《揅經室一集》卷二《論語解》，第42～43頁。為了證明強調實踐符合儒學本義，阮元著《論語一貫說》。在《論語一貫說》中，阮元綜合考察了孔子在不同場合所談一貫的意思，認定孔子的理論自始至終都強調實踐。阮元說：「《論語》貫字凡三見。曾子之一貫也，子貢之一貫也，閔子之言仍舊貫也。此三貫字，其訓不應有異。元按，貫，行也，事也。三者皆當訓為行事也。」關於對曾子的一貫，阮元說：「孔子呼曾子告之曰，吾道一以貫之，此言孔子

之道皆於行事見之，非徒以文學為教也。」對子貢，孔子沒有直接談及一貫，而是繞了一個圈。孔子先問子貢曰：「汝以予為多學而識之者歟？」子貢曰：「然！」孔子曰：「子一以貫之！」為什麼孔子要繞一個圈來教子貢。阮元解釋說：「此夫子恐子貢但以多學而識學聖人，而不於行事學聖人。」阮元還說，孔子對曾子說一貫和對子貢說一貫本質都是一樣的：「亦謂壹是皆以行事為教也，亦即忠恕之道也。」至於對閔子的「仍舊貫」，阮元說：「此亦言仍舊行事不必改作也。」文章結尾時，阮元就說：「故以行事訓貫，則聖賢之道歸於儒；以通徹訓貫，則聖賢之道近於禪矣。」只修心性而不付諸實踐不是儒學的做法，只有實踐才是儒學與佛學的根本區別。阮元還擺出一副準備論戰的架式說：「鄙見如此，未知尚有誤否，敢以質之學古而不持成見之君子。」阮元：《揅經室一集》卷二《論語一貫說》，第46～47頁。

在《大學格物說》篇，阮元系統地表述了自己的實踐觀。阮元說認識的最終目的在於實踐。「《禮記・大學篇》曰，致知在格物，物格而後知至。此二句雖從身心意知而來，實為天下國家之事，天下國家以立政行事為主。《大學》從身心說到意知，已極心思之用矣，恐學者終求之於心學，而不驗之行事也，故終顯之曰：致知在格物。物者，事也；格者，至也；事者，家國天下之事，即止於五倫之至善，明德新民，皆事也；格有至義，即有止意，履而至止於其地，聖賢實踐之道也。」接著，阮元列舉了漢代儒者對「格物」所訓，斷定：「格物者，至止於事物之謂也。凡家國天下五倫之事，無不當以身親至其處而履之，以止於至善也。」隨後，阮元對「格物」作了重新解釋：「格物者，以格字兼包至止，以物字兼包諸事。聖賢之道，無非實踐。」實踐什麼內容呢？阮元說，《禮記・大學篇》已經談到：一則壹是皆以修身為本也；二則其本亂而未治者否也；三則此謂知本

也；四則大畏民志此謂知本也；五則德本財末。阮元還說：「古之學者為己，今之學者為人，修己以安人。」為了要解釋得更為清楚，阮元更引用了俚語：「我先自己好，自然要人好；我要人好，人自與我同做好人也。」阮元還說：「一介之士處世，天子治天下，胥是道也。視聽言動，不涉家國天下一字，而齊治平之道俱在。」阮元：《揅經室一集》卷八《論語論仁論》，第 162 頁。

阮元在《孟子論仁論》中，除了仍繼續強調學習儒學與實踐儒學的理念不可分割之外，還重點批判了王守仁鼓吹閉門修身的做法。阮元說：「陽明謂學不資外求，但當反觀內省，聖人致知之功，至誠無息，其良知之體皦如明鏡，妍媸之來，隨物見形，而明鏡曾無留染。所謂情順萬事而無情也，無所住以生其心。」阮元指出：「陽明直以為佛氏之言而不之諱」；「陽明宗旨，直是禪學，尚非釋學也」。阮元對王守仁學術本質的判斷是十分準確的。阮元還說，王陽明的「良知」學說歪曲了孟子「良知」的本義。阮元說：「此良知二字，不過孟子偶然及之，與良貴相同，殊非七篇中最關緊要之言，且即為要言，亦應良能二字重於良知」；「良知，即心端也；良能，實事也。舍事實而專言心，非孟子本指也」。阮元：《揅經室一集》卷九《孟子論仁論》，第 176 頁。

為了說明「性理」是靠人在實踐的過程中不斷修正，而不是靠「頓悟」得來的。阮元用乾嘉漢學家做學問的手法，從字的起源，字的本義，說到後來的衍義流行，對「性」、「命」、「心」等一系列命題作了重新闡釋，並認為這些概念的原義統統都是物質的，可捉摸的。在《釋心》一文中，阮元說：「漢劉熙《釋名》曰，心，纖也，言纖微無物不貫也。此訓最合本義。」所以，植物的荊、棘、刺、芒、蒺藜等皆可言「心」。「心」是可成長的。「如松柏之有心也，凡松柏枝葉，初生之年皆有尖刺，至第二年則刺落而成葉。」阮元：《揅經室

一集》卷一《釋心》，第 4 頁。阮元借松柏尖刺可以成長為枝葉，來
比喻人「心」，證明人「心」不是與生俱來，一成不變的，「心」是人
們在生活中逐漸形成的。

在《性命古訓》中，阮元先考證了「性命」本義。阮元認為，性
命本義是有形的、物質的。關於性，阮元舉《孟子‧盡心》說：「口
目耳鼻四肢為性也。性中有味色聲，臭安佚之欲，是以必當節之。古
人但言節性，不言復性也。」關於命，阮元舉《尚書‧召誥》說：
「《召誥》所謂命，即天命也。」具體說來，「仁之於父子也，義之於
君臣也，禮之於賓主也，知之於賢者也，聖人之於天道也。命也」。
由於性與命均是物質的東西，所以就可以通過具體實踐「節性」來接
近性與命的本質。阮元說：「性字從心，即血氣心知也。有血氣，無
心知，非性也。有心知，無血氣，非性也。血氣心知，皆天所命，人
所受也。人既有血氣心知之性，即有九德、五典、五禮、七情、十
義。故聖人作禮樂以節之，修道以教之。」世人「仁」的境界不同，
是他們「節性」的程度不同。「凡人則任情縱慾而求可樂」，就不能達
到「仁」。「君子之道，則以仁義為先，禮節為制，不以性欲而苟求之
也。」阮元：《揅經室一集》卷十《性命古訓》，第 191 頁。所以能達
到「仁」。

至於「性命」一詞完全變成精神的東西，阮元說是翻譯之誤。東
漢時期，佛教傳入中國，「浮屠家說有物焉，具於人未生之初，虛靈
圓淨，光明寂照，人受之以生，或為嗜欲所昏，則必靜身養心，而後
復見其為父母未生時本來面目」。佛學中這種東西該如何翻譯為中文
呢？「晉宋姚秦人翻譯者，執此物求之於中國經典內，有一性字，似
乎相近，彼時經中性字縱不近，彼時典中性字已相近，於是取以當彼
無得而稱之物。」阮元：《揅經室續集》卷三《塔性說》，第 122 頁。
這一段，阮元是說，在佛教傳入中國的過程中，因找不到恰當的漢字

翻譯佛學中「天生俱來的東西」，於是就用「性」字來表示。阮元還說「性命」代表人的精神與意念，在儒經中是沒有的，在道家的典籍中是有接近意思的。到了唐代李翱，「反飾孔顏之學，外孔顏而內老莊」，將老莊的「性命」理念植入到儒家思想中來。到了明代王守仁，又將佛學純粹意念、精神的「性」引入儒學。而世人認為：「可以不讀書，日安佚而其名愈高，孰不樂趨之。此亦如六朝佛典太繁，釋家別開禪學，可以不說一切經而面壁見性也。」阮元：《揅經室續集》卷三《復性辨》，第 124 頁。於是，原來物質的、有形的「性命」，就演變為精神的、無形的東西。關於「性命」字義的演變，阮元從先秦講到現實，講了一大通道理，目的只有一個，就是為了強調儒學的「性命」是靠平常不斷實踐來達到的，所謂簡易「頓悟」方法是道教和佛教的，兩者是應該嚴格區別的。

三　學術史上對阮元實踐觀的評論

步入近代，曾經論述過阮元實踐觀的學者頗為眾多。但是，由於有些學者或研究不夠深入，或心存偏見，所論眾說紛紜，大多未得公允，故須予以辯證。

晚清學者朱一新較早注意到阮元儒學研究強調實踐的特點。朱一新，光緒二年（1876 年）進士，曾官陝西道監察御史，因彈劾內侍李蓮英被貶。光緒十六年（1890 年）應張之洞聘請，先在端溪書院任教，後任廣州廣雅書院山長，故朱一新對在粵享有盛名的阮元及其學術有所瞭解。朱一新認定阮元「但知與宋儒立異，不恤與聖言相悖」。故曲解了阮元的實踐觀。朱一新在粵期間，有粵籍學者俞恩崇問如何理解阮元「相人偶為仁」的命題。朱一新答：「仁也者，當合內外動情言之。專求諸內，近於釋氏；專求諸外，不近於墨乎？」並

說：「文達恐人以墨氏相詰，故並墨氏詆之，不知其宗旨及流弊實與墨氏無殊。」朱一新又說：「必待人偶而後仁，將獨居之時仁理滅絕乎？謂仁因人偶而見則可，謂非人偶無以見仁則不可。」朱一新對此作自注云：「為仁由己，我欲仁斯仁至矣，何人偶之有？」「心中無仁，何以能發見？心既有仁，安可不存養？」朱一新認為，雖然仁是要「人偶而見」，但仁又是可以單獨存在於心中的，是可以通過靜心修養達到的。最後，朱一新還告誡廣雅書院的學生說：「《揅經室集》論性理諸篇支離已甚，其書精處不在此，學者毋為所惑。」朱一新：《無邪堂答問》卷一《答俞恩榮問相人偶為仁》，中華書局 2000 年版，第 31-33 頁。朱一新的結論是錯誤的。朱一新的認知觀仍然恪守王守仁的心學，也沒有看到阮元與墨子的實踐觀有著根本的區別。墨子強調的實踐是脫離書本的，是片面極端的強調實踐；而阮元的實踐觀是主張理論學習與實踐相結合，是把學習到理論付諸實踐。在清代，的確有學者的實踐觀類似於墨子，但不是阮元而是顏元。

　　民國期間，另一著名學者章太炎確認顏元之學近乎墨學。章太炎《正顏》一文指出：「顏元長於射御禮，本粗疏；樂、書、數非其所知也。其徒李塨，言數則只記珠算之乘除；言書則粗陳今隸之正俗。市儈之數，學究之書，而自謂明六藝，可鄙孰甚！至所謂兵農、水火、錢穀、工虞無不嫻習者，則矜誇之辭耳。」章太炎也沒有忽略顏元之學的時代意義，認為：「顏氏徒見中國淹於文弊，故一切以地官為事守，而使人無窈窕曠閒之地。非有他也，亦無總攬之用則然。雖然，苟上不忘宗國，而時下可備一官，其志可隱也。」章太炎：《正顏》，傅傑編校：《章太炎學術史論集》，中國社會科學出版社 1997 年版，第 352-355 頁。筆者的青少年時代是在「文化大革命」十年中度過的，當時毛澤東主席提倡年輕學生「不僅要學文，還要學工、學農、學軍，還要上山下鄉」。毛澤東的做法與顏元之學是何其相似？

至今筆者仍略懂農作、操練之皮毛。但筆者也認為，毛澤東的做法亦不可全非，它對學生瞭解社會、鍛鍊意志也有積極作用。

胡適先生曾對顏元實踐觀和阮元實踐觀作比較研究。胡適說：「阮元雖然自居於新式的經學家，其實他是一個哲學家。他很像戴震，表面上精密的方法遮不住骨子裏的哲學主張。阮元似乎也是很受顏李學派影響的。他說『一貫』，說『習』，說『性』，說『仁』，說『格物』，都顯示出顏李學派與戴學的痕跡。」胡適：《戴東原的哲學》，安徽教育出版社 1999 年版，第 103 頁。下引該書同此版本，不再另注。胡適還多處說：「顏元的哲學注重實習，實行，『犯手去做』，所以他自號『習齋』。阮元在這一點上可算是顏學的嫡派」；「阮元解格物為履物而為止於其地，與他解『一貫』為行事，同是注重實踐」。同上書，第 103-106 頁。胡適的缺陷，也主要是沒看到阮元的實踐觀與顏元實踐觀的區別。顏元生活在清初，痛感於明末理學家的空談誤國，遂極力鼓吹實踐，達到幾近於把探究義理與實踐對立起來的程度。顏元說：「性命之理不可講也。雖講，人亦不能聽也；雖聽，人亦不能醒也；雖醒，人亦不能行也。所可得而共講之、共醒之、共行之者，性命之作用，如詩、書、六藝而已。即詩、書、六藝，亦非徒列坐講聽，要惟一講即教習，習至難處來問，方再與講，講之功有限，習之功無已。」顏元還要求師生「為學為教，用力於講讀者一二，加功於習行者八九，則生民幸甚，吾道幸甚」。顏元：《顏元集》，《存學編》卷一《總論諸儒講學》，中華書局 1987 年版，第 41-42 頁。下引該書同此版本，不再另注。顏元完全忽視書本知識的作用，片面強調一切從頭做起也是錯誤的。

而阮元的實踐觀，則是強調把學習與實踐結合起來，在學習研究儒學過程中，通過實踐來加深認識。顏元與阮元強調實踐的內容也不相同。顏元主持漳南書院時曾設「習講堂」，下設「文事」、「武備」、

「經史」、「藝能」四齋。講習全是應用學科。顏元另設「理學」、「帖括」二齋。顏元說,設此二齋有兩個作用:一是「見為吾道之敵對」。顏元是說,雖然理學與八股對於經世是沒有用處的,但作為瞭解對立面,我們只好保留它。二是「以應時制」,這是說清初書院官學化,若書院內不設此二科,是無法應付官府檢查的,甚至有被取締的可能。「俟積習正,取士之法復古,然後空二齋,左處償價,右宿來學。」顏元:《顏元集》,《習齋記餘》卷二《漳南書院記》,第412-414頁。顏元是說,等日後時機成熟,是要取消理學、八股這二科的。自然,阮元的實踐觀是絲毫不含取消儒學和八股的意思的。胡適的確是忽略了顏元與阮元實踐觀本質上的區別。

篤信馬列主義、同時也是著名的思想史專家侯外廬先生也注意到顏元和阮元都強調實踐。侯外廬先生在其名著《中國思想通史》侯外廬:《中國思想通史》,人民出版社1956年版。下引該書同此版本,不再另注。第五卷第二編第十五章「阮元的思想」專門討論過這一命題。一方面,侯外廬高度稱讚顏元實踐觀;另一方面,侯先生則批評阮元實踐觀,當然更反對胡適的顏元與阮元實踐觀有師承關係的觀點。侯外廬說:「阮元不是一個哲學家,而是一個史料辨析者」;「胡適硬說『阮元雖然自居於新式的經學家,其實他是一個哲學家』,這話錯了」。同上書,第578頁。侯外廬還說,阮元的《大學格物說》載:「從他的知識論看來,『實踐』的意義並不明確,也沒有哲學的發揮。」同上書,第611-612頁。此論在國內學術界應該說是長期並普遍接受的,在此後的半個多世紀中,沒有著述正面論述阮元的實踐觀。由於阮元是那個時代的高官,是所謂封建社會高官楷模,侯先生的評價便陷入兩難。如他對阮元的總體評價是:「總之,我們知道,清代乾嘉學者的方法,在枝節上有著一定的成績。然而他們沒有歷史的理論,沒有系統的分析。阮元對於古代思想的分析,也並未至科學

的境地，其分析的方法仍然襲用了漢學家的傳統。因為他由考據方法得出的結論，雖然有力地反對了宋儒，然而卻不能成為思想史的科學研究。他是封建社會的大臣，不可能有顏元、汪中式的鋒芒，更不可能有戴震、章學誠的激昂。他的論斷也就在很多地方顯出他的客觀主義的態度。同時，他在漢學已經衰微的時候，開設了學舍、學堂，提倡為漢學而研究漢學，還想做漢學家的迴光返照運動，這又是封建貴族階級的保守性的表現。」同上書，第 618-619 頁。侯先生所論深深地帶上了那一個時代的政治傾向的烙印，也難稱得上公允。

其實，阮元的實踐觀有哲學涵義，它較全面地論述了認識與實踐的關係，以及實踐在認識論中的地位和作用，論述了實踐的方式與方法等問題。這些命題，都應是重要的哲學範疇。

近年來，學術界對阮元實踐觀的評價有所變化。侯外廬的學生張豈之先生在其近著《中國思想史》中認為：「阮元在訓詁考據過程中，注重『義理』的闡發，這是他對戴震思想的繼承。在阮元所闡述的『義理』中，『行』是一個重要的內容。他有釋孔門『一貫』、釋《大學》的『格物』、釋『心』等考據論著，其中都強調『行』。阮元解釋孔子的學說，表現了他提倡實學、主張實行的義理觀。總之，阮元在對漢學總結的基礎上，吸收了專門漢學家的一些長處，但他沒有走純粹考據的一途，而且綜合吸收了戴震『由詞以通道』的方法，在考據中表達了自己的哲學思想。」張豈之：《中國思想史》，西北大學出版社 1993 年版，第 452-453 頁。張豈之先生的評價就比較客觀了。另一思想史研究專家陳祖武也說：「如何去求仁，既是孔子仁學的一個組成部分，也是實踐孔子仁學的重大課題」；「阮元本之而論求仁，認為其途徑惟在身體力行」；「阮元通過學理的探討，確立了積極經世、身體力行的仁學觀」。陳祖武：《清儒學術拾零》，湖南人民出版社 1999 年版，第 259 頁。雖然，張豈之和陳祖武先生都並沒有展

開對阮元實踐觀的深入探討，但他們對阮元實踐觀的評價都是以正面肯定為主的，這是時代的進步，也是學者們冷靜獨立思考的結果。

阮元在中國近代自然科技史中的地位及作用

歷史學家梁啟超認為，通過清朝前期王錫闡、梅文鼎、戴震、焦循、李銳、汪萊等科學家的努力，到了乾隆後期及嘉慶、道光年間，中國社會已露出了近代「科學之曙光」梁啟超：《中國近三百年學術史》，東方出版社 1996 年，第 173 頁。下引該書同此版本，不再另注。《清史稿》卷三百六十四《阮元傳》載，阮元作為該時期「主持風會數十年，海內學者奉為山斗」的高官和著名學者，為推動中國近代「科學曙光」的到來和中國近代自然科學的發展作出過積極貢獻。

一

阮元是懂得自然科學並取得過一定成就的。諸可寶在《疇人傳三編・阮元傳》中把阮元在自然科技研究上的成果總結為三個方面：第一，阮元利用其擅長「玩辭步算」的數學知識，著《考工記車製圖解》，「多前賢所未及」，「以此立法，實可閉門而造，駕而行之」。第二，「因推步日食，考訂十月之交四篇，屬幽王時詩，作《詩補箋說略》」。第三，「立糧艘盤糧尺算捷法，較舊法捷省一半，簡便易曉也，頒行各省」。從諸可寶的介紹看，阮元在自然科技上有一定造詣，但因長期位居高官，不能專注學問。阮元之弟阮梅叔說，阮元出仕，「旋督學莞，部領封疆，無暇潛研，故入官以後編纂之書較多，而沉精覃思、獨發古誼之作甚少，不能似經生時之專力矣」張鑒等撰：《雷塘庵主弟子記》卷一，《阮元年譜》。但是，阮元能充分利用其社

會影響力和充裕的財力，對推動中國近代科學發展的作用更大。

阮元主纂了《疇人傳》。他說：「學問之道，惟一故精，至步算一途，深微廣大，尤非專家不能辦」；「是編以疇人傳為名，義取諸此」。又說：「算術者，推步之綱維也。勾股量天、方程演紀、三差堆積、法本商功，八線相當、率通粟米，蓋數為六藝之一，極乎數之用，則步天為最大，故凡通九九術者，俱得列於是編。」還說：「儀象者，測驗之先資也」；「是編於儀器制度，摭錄特詳，欲使學者知算造根本，當憑實測，實測所資，首重儀表，不務乎此，而附合於律於易，皆無當也」。阮元：《疇人傳・凡例》，《萬有文庫》本，商務印書館1935年版，第2頁。下引該書同此版本，不再另注。可見，《疇人傳》是中國歷史上第一部紀傳體的自然科學通史，後人對此給予極高的評價。諸可寶說：「勿庵興，而算學之術顯；東原起，而算學之道尊；儀徵太傅出，而算學之源流習，始得專書。」把阮元與王錫闡、戴震並列，同視為清代科技發展史中三個階段的標誌。並說：「言不朽之盛業，孰有大於《疇人傳》者乎？」近代著名科學家華世芳於《近代疇人著述記》中也認為該書「綜算氏之大成，紀步天之正軌，至今遊藝之士，奉為南針」。至今，還有學者說：「中國之有科技史，此其嚆矢也。」陸寶千：《清代思想史》，廣文書局1978年版，第312頁。「《疇人傳》大部分是輯錄各種原始資料，所以對於研究中國古代天文學史，是一部很好的參考書。」陳遵嬀：《中國天文學史》，上海人民出版社1980年版，第257頁。

阮元通過資助刊刻科學著作促進了科學研究的發展。諸可寶《疇人傳三編・阮元傳》統計，「錢辛楣氏《三統術衍》、《地球圖說》，漵亭氏《述古錄》，孔巽軒氏《少廣正負術內外篇》、《焦氏裏堂遺書》、《李氏四香算書》」，都是受阮元資助出版的，他還資助了李明澈刻印《寰天圖說》等。

梁啟超曾將清代乾嘉以後從事天文曆法的學者分為三類：第一類是臺官，即供職欽天監的官員。第二類是經師，他們「初非欲以算學名家，因治經或治史有待於學算，因以算為其副業者也」。第三類是職業科學家。只有第三類科學家最清貧。他們矢志不渝地追求科學研究，奉獻出畢生的精力，但很多都英年早逝。對此現象，梁啟超困惑不解：「豈茲事耗精太甚，易損天年耶？」梁啟超：《中國近三百年學術史》，第 422 頁。這當然不是，是社會的冷漠和生活的極度清貧造成他們過早去世。籌資出書更成了難題。如算學大師李銳「以攻苦著書，心血耗盡，致得咯血疾以終。且蘭草未徵，臼炊頻夢」阮元：《疇人傳》卷五十《李銳傳》，第 665 頁。，是阮元將遺書刻印，李銳的研究成果才得以發揚光大。又如算學大師淩廷堪無嗣，晚年擬將畢生積蓄用做刻書，不意被奸商騙走錢財和書稿，淩廷堪弟子張其錦將事情告知阮元，在阮元的過問下，安徽巡撫錢楷追回被騙錢財與書稿，淩廷堪著作才得以面世。阮元：《疇人傳》卷四十九《淩廷堪傳》，第 651 頁。而更多的科學家則未必如此幸運，他們因經濟困難，無法將心血成果刊刻，致慘遭湮滅於世的厄運。

阮元還翻刻了大量古代科技著作，為有志從事科學研究的人提供了豐富的基礎。經阮元出資翻刻的科學著作就有《嘉量算經》、《四元玉鑒》、《楊氏算法》等。（三書提要，載阮元《揅經室外集》卷一、卷四、卷五）其中《四元玉鑒》被數學界稱為「集算學大成」。阮元得此書後，囑學生羅士琳整理，羅士琳殫精竭慮，以畢生精力重新演繹，使《四元玉鑒》精髓得以重現天下。

阮元十分注意培養科學人才。《明史・選舉志》載：「學校則儲才以應科目。」清承明制，清朝前期開辦官學的目的都是為了應付科舉考試，培養官員。除了國子監開算學外，官學都不設自然科學課程。研習自然科學被視為末技，受到社會不公正的對待。相反，阮元在他

所創辦的兩所書院——詁經精舍和學海堂都開設了眾多自然科學課程。史稱：阮元立詁經精舍，「課以經史疑義及小學、天文、地理、算法」；「不十年，上舍致身通顯及撰述成一家言者，不可殫數，東南人才稱極盛焉」。李元度：《國朝先正事略》卷二十一《阮文達公事略》，嶽麓書社 1991 年版，第 625-630 頁。詁經精舍培養出李銳、張鑒、羅士琳等一批優秀的科學家。在廣東，阮元還曾親自策問學海堂學生的自然科學知識。阮元問：「今大小西洋之曆法來至中國，在於何時？所由何路？小西洋即今港腳等國，在今回疆之南古天竺等處。元之回回曆，是否如明大西洋新法之由廣東海舶而來？大小西洋之法，自必亦如中國之由疏而密，但孰先孰後，孰密孰疏？由今上溯若干年，準中國之何代何年？西法言，依巴谷在漢武帝周顯王時，確否？六朝番舶已與廣東相通，故達摩得入中國。中國漢郄萌已有諸曜不附天之說，後秦姜岌已有遊氣之論，宗何承天立強於二率，齊祖沖之立歲差等法，皆比漢為密，與明來之大西洋新法相合，是皆在達摩未得入中國前也。至於唐時市舶，與西洋各國往來更熟。元之回回法，明之大西洋新法，如是古法，何以不來於唐九執法之前？九執法又自何來？且西洋又何以名借根方為東來法也？其考證之。」阮元：《揅經室續集》卷三《學海堂策問》，第 129-130 頁。從出發點來看，策問是非科學的；但從效果來看，卻迫使學生不得不去鑽研自然科學，這是難能可貴的。這與當時流行的制藝科考有著天壤之別。所以，在阮元的推動下，學海堂師生鑽研自然科學成為風尚。「學長中如吳蘭修、侯度、陳澧、張其緒、鄒伯奇皆精數學。而鄒伯奇尤天才特絕，貫通中西，極深研幾。」古公愚：《學海堂述略》，《新民月刊》1935 年第 7、8 期。鄒伯奇還提倡數學與物理學、化學相結合。鄒伯奇著有《補古格術》一書，後人評價：「格術之名及其術之概略，僅見於宋沈括《夢溪筆談》，後人讀之亦莫能解，特夫知其即光

學之理，更為布算以明之。以算學釋物理，自特夫始。」梁啟超：
《中國近三百年學術史》，第 421 頁。

清代嘉慶年間，以阮元為中心，形成了一個具有以鑽研自然科
學、追求新知為重要特色的學術流派。民國期間，學者支偉成認為：
「自戴震崛起安徽，皖派經師，頭角嶄露。顧其同學及弟子，率長於
禮，獨程瑤田兼通水、地、聲律、工藝、穀食之學。及戴氏施教京
師，而傳者愈眾。聲音詁訓傳於王念孫、段玉裁，典章制度傳於任大
椿。既淩廷堪以歙人居揚州，與焦循友善；阮元問教於焦、淩，遂別
創揚州學派。故浙、粵詁經、學海之士，大都不惑於陳言，以知新為
主，雖宗阮而實祧戴焉。」支偉成：《清代樸學大師列傳》，嶽麓書社
1998 年版，第 76 頁。江藩在《國朝漢學師承記》中也介紹了這一流
派早期的情況。江藩說：「（淩廷堪）君久客揚州，如劉君端臨、汪君
容甫諸君子，以及宋君守端、秦君敦夫、焦君理堂、阮君伯元、楊君
貞吉、黃君春谷，皆君之友也。」江藩：《國朝漢學師承記》，北京三
聯書店 1998 年版，第 145 頁。

修撰《疇人傳》是團結科學家的一種辦法。乾隆六十年（1795
年），年僅三十二歲的阮元升任內閣學士兼禮部侍郎要職。同年，阮
元開始籌畫編纂《疇人傳》。從一開始，阮元就提出「天學淵微，折
衷匪易，所願與海內學人共審定之者也」。其中，「校錄者，元和學生
李銳、暨台州學生周治平力居多。又復訪通人，就正有道，嘉定錢少
詹大昕、歙縣淩教授廷堪、上元談教諭泰、江都焦明經循，並為印
證」阮元：《疇人傳‧凡例》，第 5 頁。他們都是當時一流的科學家。

阮元還聘請了眾多科技人才為幕客。近來，有學者統計出曾先後
在阮元處遊幕的學人就達一百二十餘人，並認為阮元幕府「是清代規
模最大的一個學人幕府」。「阮元幕府可以說會聚了乾嘉之際以至道光
初年幾乎所有在野的一流漢學家以及眾多知名的詩文作家。」尚小

明：《學人遊幕與清代學術》，社會科學文獻出版社 1999 年版，第
128 頁。其實，阮元幕府也會聚了該時期絕大多數在野的一流科學
家。僅據羅士琳《續疇人傳》以及諸可寶《疇人傳三編》所列，曾在
阮元幕府中供職的科學家就有淩廷堪、程瑤田、焦循、張鑒、李銳、
淩堃、吳蘭修等。其中，在一起共同研討天文曆算最多的是李銳、汪
萊、焦循三人，「時人目為談天三友」阮元：《疇人傳》卷五十《李銳
傳》，第 664 頁。

　　阮元通過交友、辦學、編書、聘幕，團結了一批科學家，這是中
國歷史上第一個具有近代意義的自然科學家群體。這個學術群體是中
國近代化過程中無比珍貴的財富。如淩堃學術興趣傾向經世之用，據
諸可寶《疇人傳三編》卷三《淩堃傳》載，有「放眼看洋第一人」之
稱的林則徐就「嘗目以國士」，給予了極高評價。

二

　　阮元為中國近代自然科學的建立奠定了初步的理論基礎。阮元做
的第一項工作是為自然科學正名。他先是駁斥了輕視自然科學的觀
點。在《疇人傳·自序》中，他列舉了傳說中的黃帝、堯、舜把天文
曆法視為「帝王之要道」和「先古聖人，咸重其事」。認為他們，「或
做法以敘三光，或立論以明五紀。數術窮天地，製作侔造化，儒者之
學，斯為大矣」。只是到了後來，「世風遞降，末學支離，九九之術，
俗儒鄙不之講。而履觀臺領司天者，皆株守舊聞，罔知法意，演撰算
造之家，徒換易子母，弗憑圭表為合。驗天失之彌遠，步算之道，由
是日衰，臺官之選，因而愈輕，六藝道湮，良可嗟歎」。

　　阮元又批駁了方術道士將自然科技神化，走上迷信的更為錯誤的
傾向。他說：「甚或高言內學，妄占星氣，執圖緯之小言，測淵微之

懸象。老人之星，江南常見，而太史以多壽貢諛；發斂之節，終古不差，而幸臣以日長獻瑞，若此之等，率多錯謬。又或稱意空談，流為虛誕，河圖洛書之數，傳者非真，元會運世之篇，言之無據。此皆數學之異端，藝術之揚墨也。」

最後，阮元大聲疾呼：「術數之妙，窮幽極微，足以綱紀群倫，經緯天地，乃儒流實事求是之學，非方技苟且干祿之具。」阮元：《疇人傳‧自序》，第 2 頁。阮元認為，自然科學是治國立國的基石，科學不是巫術，從事科學研究的人應抱實事求是的態度，刻苦鑽研，而不應企圖用此作為達到陞官發財的資本。科學家的勞動成果應該得到全社會的尊重。清代嘉慶道光年間，中國具有近代意義的自然科學學科形成，專職自然科學家的出現，究其原因，我們可以說，它既是中國科學技術史發展的結果，與「西學東漸」有關係，但毋庸否定，阮元在有關科學的性質、地位、目的等方面的初步理論也起到推動作用。

明末清初，西方科技開始傳入中國。在對待西方科技的問題上，從整體上說，阮元的態度還是比較積極的，從主流上講也是值得肯定的。

第一，阮元在《疇人傳》給歷史上二百四十三個中國科學家立傳，同時也給三十七個西洋科學家或傳播西方科技的傳教士立了傳。這是中國人第一次系統地介紹西方科學家及其貢獻，這就很了不起。從替西洋科學家群體立傳的做法來看，就是正視西方科技成就的具體體現。

第二，阮元承認西方科學技術在大多數領域比中國先進。阮元曾借梅文鼎之口肯定西方天文數學思維方式優於中國。梅文鼎說：「中法言盈縮遲疾，而西說以最高最底明其故；中法言段目，而西說以歲輪明其故；中法言歲差，而西說以恆星東行明其故；是則中曆所著者

當然之運，而西曆所推者其所以然之源。此其可取者也。」阮元：
《疇人傳》卷三十八《梅文鼎傳》，第 473 頁。對此論，阮元是贊同
的。阮元更直接承認西方科技在物理機械製造方面比中國先進，曾
說：「懷仁謂推步之學，未有略形器而可驟語精微者，斯言固不為無
見也。西人熟於幾何，故所制儀象極為精審。蓋儀象精審，則測量真
確；測量真確，則推步密合。西法之有驗於天，實儀象有以先之也。
不此之求，而徒驚乎鍾律卦氣之說，宜為彼之所竊笑哉。」

　　阮元：《疇人傳》卷四十五《南懷仁傳》，第 595 頁。阮元也承認
西方的生產工具有獨到之處。他說：「水法龍尾、恒升、玉衡車諸
制，非究極算不能作，而龍尾一車，尤於水旱有補裨之功」；「西洋之
學有關民用者，莫切於此」。阮元：《疇人傳》卷四十四《熊三拔
傳》，第 576 頁。他還說：「西人以機巧相尚，殫精畢慮於此，故所為
自行諸器，千奇萬狀，迴非西域諸國所能及。於此可見人心之靈，日
用日出，雖小道必有可觀，彼無所用心者，當知自愧矣。」阮元：
《疇人傳》卷四十四《鄧玉函傳》，第 579 頁。他還承認西方的幾何
學有創見。阮元說：「《天學初函》諸書，當以《幾何原本》為最，以
其不言數而頗能言數之理也。如雲自有而分，不免為有，兩無不能並
為一有，非熟精度數之理，不能作此造微之論也。」阮元：《疇人
傳》卷四十三《歐幾里得傳》，第 555 頁。阮元對西方科技中天文
學、物理學、幾何學整體上領先於中國的判斷還是符合事實的。

　　第三，阮元還創作了一批詩文由衷讚歎西洋器具之先進和精巧。
他有《御試賦得眼鏡》阮元：《揅經室四集·詩》卷一《御試賦得眼
鏡》，第 739 頁。，詩中盛讚眼鏡除可以解決近視及老花的問題，還
具有擋塵、裝飾等作用，眼鏡大大地提高了人類生活品質，其意義是
不容低估的。他又有《望遠鏡中望月歌》阮元：《揅經室四集·詩》
卷十一《望遠鏡中望月歌》，第 914 頁。詩中說借助望遠鏡觀察月

亮，才知道月亮是球體，月亮的光是太陽光折射的，而中國民間「廣寒玉兔」純屬一種美好幻想。西洋燈則是阮元最心愛的日常用品之一。阮元《大西洋銅鐙》詩云：「泰西之人智，製器巧且精；鐘錶最利用，其次銅燈檠……」此燈是阮元任兩廣總督時，「以銀一斤買得」。阮元在小序中還說：「其光可大可小，其油攝而不漏，輸而不滯，花燼甚少，不勞剪撥，其螞旋之巧，非筆舌所能述也，今十餘年不用燭矣。」阮元：《揅經室續集》卷十一《大西洋銅鐙》，第 292頁。阮元讚美西洋器皿詩文還有一些，在此不盡數枚舉。

第四，阮元還提倡「融匯中西」，以趕超西方。「融匯以求超勝」的提法源於明末的徐光啟。徐光啟說：「西法至為詳備，且又近今數十年間所定，其青於藍，寒於水者，十倍前人。又皆隨地異測，隨時異用，故可為目前必驗之法。」而中國「欲求超勝，必須會通」《徐光啟集》卷八《治歷疏稿二・曆書總目表》，上海古籍出版社 1984 年版，第 373～378 頁。但很遺憾，徐光啟並沒來得及做到會通，更沒有能做到超勝，連翻譯也僅做了一小部分，便於崇禎六年（1633年）去世，留下的任務只能由後人去完成。通過清前期百餘年的努力，中國科學家們普遍認為中國科技在天文、曆法、數學等方面已經趕超西方。中國科技是否還必須向西方學習呢？這成為當時學術界爭論不休的問題。對此，阮元認為中西科學互有長短，中國科學家要做的最重要的事情是「網羅今古，善善從長，融匯中西，歸於一是」阮元：《疇人傳・凡例》，第 4 頁。這句話是頗具超前意識的，很有點科學無國界的味道。所以，阮元在《疇人傳》中對能融匯中西的科學家都給予了肯定。

對明末徐光啟等人，阮元是這樣評價的：「西人書器之行於中土也，之藻薦之於前，徐光啟、李天經譯之於後，是三家者皆習於西人，亟欲明其術而惟恐失之者也。當是時大統之疏闊甚矣，數君子起

而共正其失，其有功於授時布化之道，豈淺小哉！」阮元：《疇人傳》卷三十二《李之藻傳》，第 390 頁。清初數學大師王錫闡、梅文鼎學貫中西，阮元對他們的評價也很高：「錫闡考證古法之誤而存其是，擇取西說之長而去其短，據依圭表，改立法數，雖私家撰述，未見施行，而為術深妙，凡在識者莫不慨然稱善也。」在清初，「算學名家南王北薛並稱」，王即王錫闡，薛即薛鳳祚。阮元認為，王錫闡「貫通中西之術，而又頻年實測，得之目驗」；薛鳳祚「謹守穆尼閣成法，依數推衍，隨人步趨而已，未能有深得也」。故王錫闡水準在薛鳳祚之上。阮元：《疇人傳》卷三十五《王錫闡傳下》，第 446 頁。梅文鼎號稱「為國朝算學第一」。阮元分析其成功的原因，「其學由授時而溯三統四分以來諸家之術，博考九執回回而歸於新法，一一洞見本原，深徹底蘊，而又神明變化於三角、八線、勾股、方程諸算事，故著書滿家，皆獨抒心得，如軔為三角方直等儀求弧度，而不言角，以上下左右論交食方向，而不云東西南北，尤足以見中西之會通，而補古今之缺略者也」阮元：《疇人傳》卷三十八《梅文鼎傳中》，第 483 頁。阮元還稱讚同輩人焦循能「會通兩家之長，不主一偏之見」阮元：《揅經室三集》卷五《裏堂學算記序》，第 634 頁。可見，相容中西，是阮元評價科學家成就的一個標準。

　　當然，阮元在對待西方科技的態度上也有錯誤的地方，如在《疇人傳》中就多次重複「夷技東源」謬論，以致遭到後人的激烈批評馮爾康：《清代名臣阮元》，《故宮博物院院刊》1989 年第 1 期；張豈之：《中國思想史》，西北大學出版社 1993 年版，第 453 頁。但筆者還是認為，阮元的這一錯誤，首先是屬於認識水準和能力問題，而非全盤否認西方科技的先進性；其次，清代帶頭極力鼓吹「夷技東源」的是康熙皇帝，作為高官，阮元是不得不附和專制君主的謬論。

三

　　阮元鼓勵科技為現實社會服務的態度也值得肯定。

　　清初，康熙皇帝是熱衷學習西方自然科技的。康熙皇帝是抱什麼心態去學習西方科技的呢？康熙的洋老師南懷仁曾記載了這樣一件事情：在陪同康熙巡視遼東的一天夜晚，夜空晴澈，繁星點點，康熙與眾王公大臣露天而坐，康熙拿出南懷仁送給他的星座圖表，一一說出星的座標、名稱、時刻等。南懷仁說：「這樣，他便在其周圍的貴人面前，能誇示自己的學問而得意。」杜文凱編：《清代西人見聞錄》，中國人民大學出版社 1985 年版，第 79 頁。其它的一些西方傳教士也有類似的記錄。如洪若翰神父說：「當他看到他計算的結果和別人測量的結果完全相符時，就興高采烈。在場的朝臣們不失時機地對他表示欽佩。他高興地接受了他們的恭維。」杜赫德編，鄭德弟等譯：《耶穌會士中國書簡集》第一冊，大象出版社。2001 年版，第 281 頁。這些材料說明，康熙學習西方科技並非是為了應用，而只是一種愛好，並表示他好學以及超常智睿。

　　在康熙的推動下，一些有著極強功名利祿心的官員也紛紛傚仿，也侈談起科技來。如高官李光地曾著《曆象本要》，也研究起天文數學來，至於為什麼研究天文數學呢？李光地說是「自用怡悅而已」阮元：《疇人傳》卷四十《李光地傳》，第 497 頁。其實，「自用怡悅」是假，迎合皇帝喜好是真，否則長年陪伴康熙身邊，皇帝問起這方面的內容又將何以對答。這就是李光地學科學的目的。後來，李光地把民間的天文數學家梅文鼎推薦給康熙帝，梅文鼎獲得了康熙召見的榮耀。康熙朝，數學家以學識見寵的還有何國宗、陳厚耀等。何國宗布衣出身，以精通數學得寵，竟被皇帝「欽賜進士，入翰林，官至禮部尚書」。對此，阮元評論說：「方聖祖時，以算法受知致身通顯者不一

人。以故習之者眾，而明其學者，往往匿不告人，冀以自見其長，蓋祿利之路然也。」阮元：《疇人傳》卷四十一《何國宗傳》，第 522 頁。以科學知識邀寵，博取躋身官場資本，甚至採取互相封鎖研究成果的卑劣手段，這真是中國科學家的恥辱和悲哀。至於流風所及，更多的人鑽研西學科技，只是追求時髦風尚。正是這幾種不正確的學科學的態度才是使中西科學技術拉大差距的最致命原因！

　　不過在當時，也有部分較為清醒的知識分子，認為科學技術必須應用到實際生活才有生命力，阮元就是其中的代表。他批評某些考據學家「束髮研經，白首而不能究」阮元：《揅經室一集》卷十一《國朝漢學師承記·序》，第 224 頁。，轉而強調治學必須經世致用。他對《論語》中三次出現的「一貫」作了重新解釋。他說：「貫，行也，事也」；「三者皆當訓為行事也」；「一與壹同」；「壹以貫之，猶言壹是皆以行事為教也」。阮元：《揅經室一集》卷二《論語一貫說》，第 46 頁。他又說：「學而時習之者，學而兼誦之，行之」；「習亦貫也，時習之習，即一貫之貫，貫主行事，習亦行事」。阮元：《揅經室一集》卷二《論語解》，第 42 頁。他還說：「《禮記·大學篇》曰：致知在格物，物格而後知至。此二句雖從身心意知而來，實為天下國家之事，天下國家以立政行事為主。《大學》從身心說到意知，已極心思之用矣，恐學者終求之於心學，而不驗之行事也。故終顯之曰：致知在格物。物者，事也；格者，至也；事者，家國天下之事。即止於五倫之至善，明德新民皆事也。格有至義，即有止意，履而至止於其地，聖賢實踐之道也」；「聖賢之道，無非實踐」。阮元：《揅經室一集》卷二《大學格物說》，第 47-48 頁。阮元是借釋經來表達自己的本意。當時的宋學家方東樹也察覺到阮元的變化。據方東樹《儀衛軒文集》卷十《上阮芸臺宮保書》載，方東樹曾致信阮元說：「國家景運昌明，通儒輩出，自群經諸史外，天文曆算輿地小學靡不該綜載

籍，鉤索微沉，既博且精，超越前古，至矣！盛矣！蔑以加矣！然竊
以為物太過則其失，亦尤之不及焉」;「今日之漢學亦稍過中矣。私心
以為，於今之時必得一非常之大儒以正其極，扶其傾，庶乎有以挽太
過之運於未敝之先，使不致而過其極，俾來者有以考其功焉。以此求
之，當今之世，能正八柱而掃秕糠者，舍閣下其誰」。阮元沒有回
應，但顯然，他或多或少地贊同了方東樹的意見，並把自然科學知識
應用到實際中去。

阮元經過七八年工夫，「參稽經古，測量水土」，著《浙江圖考》
阮元：《揅經室一集》卷十二至十四《浙江圖考》，第 239-299 頁。書
中較徹底地弄清了浙江得名，水系源流，海潮漲退，航運交通，以及
歷代治水工程的得失，並配以數十幅地圖，為當時以及日後綜合治理
長江下游農業、交通、水利提供了寶貴的資料。

阮元著《黃河海口日遠運口日高圖說》和《陝州以東河流合勾股
弦說》兩篇文章，提出黃河水災的根本原因是：「自河南至淮南海
口，則日墊日遠，河身必日加日高」。他利用勾股弦定理來解釋，就
是假設在勾線長度不變的情況下，股線越長，弦線也越長。「此理此
數，數千里之遠，亦同此理，同此數也。」阮元：《揅經室續集》卷
二《陝州以東河流合勾股弦說》，第 57 頁。他還批評過去治河地方
官，囿於地方利益，治河只治轄區之內，結果，災害發生還是越來越
頻繁。治理黃河必須自陝西至出海口通盤考慮，才有可能拿出合理的
方案。這個道理看似簡單，但在當時，卻是「言河者皆未言及」的重
大科研成果。阮元：《揅經室續集》卷二《黃河海口日遠運口日高圖
說》，第 55 頁。

阮元還利用其科學知識建置了珠江口大虎山炮臺。當時有人提出
質疑：「山前彌望皆水，若賊船不近山，豈能招之使來受炮耶？」他
通過實地勘察測量發現，「水雖漫，而沙厚積於遠水之底，外潮內

江，急水深泓，所潈滌而行者，皆近此山之根」；「近山者，其深數十丈，若遠至百丈以外，漸淺矣，二百丈，大舟不能行矣」。阮元：《揅經室二集》卷七《廣州大虎山新建炮臺碑銘》，第 512 頁。所以，雖然清軍大炮射程只有三百丈，但敵船經過仍在清軍大炮有效射程之內。1840 年中英鴉片戰爭爆發，大虎山炮臺在反入侵戰鬥中發揮了重要作用。

阮元對物理學也有所認識。他曾分析西洋自鳴鐘的工作原理云：「西洋之製器也，其精者曰重學。重學者以重輕為學術，凡奇器皆出乎此。而其佐重學以為用者，曰輪、曰螺。是以自鳴鐘之理則重學也，其用則輪也、螺也」；「自鳴鐘以鐵為卷，置銅鼓之中振之，使屈其力，力由屈求伸，亦由重而漸減為輕也」。阮元：《揅經室三集》卷五《自鳴鐘說》，第 650 頁。這裏說的重學就是今天的力學。他撫浙時曾利用沉箱原理，使沉於大海的巨炮浮升出海面。阮元：《揅經室三集》卷二《記任昭才》，第 587 頁。阮元運用科學知識解決實際問題的事例還有一些，在此也不贅述了。

阮元甚至嘗試把自然科學研究方法用於人文科學研究。前人論孔子仁論，多從訓詁入手，解釋仁字的本義、引申義等等。而阮元研究孔子仁論的方法則與眾不同，他檢錄了《論語》全書說：「論仁者，凡五十有八章，仁字之見於《論語》者，凡百有五為尤詳。」然後排列出孔子在什麼地方、什麼時候談仁，不同背景下、不同的仁又各代表什麼意思。其實，阮元已經自覺使用統計的手段，邏輯歸納的方法，依據時空變化的具體條件去分析孔子的仁論了。這就很有近代科學方法的味道。歷史學家錢穆說：「芸臺要為闢此一蹊徑，要為實做從古訓求義理之工夫也。」錢穆：《中國近三百年學術史》，商務印書館 1997 年版，第 539 頁。

綜上所述，可以說阮元是中國近代科學發展的推動者，是積極向

西方科技學習的先驅者，是將科學技術應用到現實生活中的鼓吹者和
實踐者！他在中國科技發展史上的貢獻不容忽視。

後記

　　清初著名學者屈大均在《廣東文選・自序》中說：「廣東者，吾之鄉也。不能述吾之鄉，不可以述天下。文在於吾之鄉，斯在於天下矣。」屈大均是帶著強烈的鄉邦感情來研究廣東史地的。在其名著《廣東新語》中，談到家鄉事物，屈大均總是用「吾粵」如何如何來加以表述，充分流露出作為一名粵人的自豪感。屈大均還說：「噫嘻！百粵之文獻，自漢以來，其盛遂有如此，而昔之人猥謂祝融之墟，日南之地，其陽德之所炳耀，炎精之所孕含，多鐘於珠璣、丹砂、石乳、伽喃諸物，而罕鍾於人，夫豈其然乎哉！」為了反駁「嶺南沒文化」的謬論，他編刊了《廣東文集》、《廣東文選》等大量廣東史地著作，為後人開展嶺南文化研究奠定了基礎。

　　據現存於中山圖書館的《顏氏宗譜》所載，先祖自宋朝咸平年間入粵。由此算來，我當然算得上是一個地地道道的粵人。生於斯，長於斯，祖祖輩輩都是嶺南人，我作為一個歷史工作者，又豈能不舞文弄墨，寫點嶺南史地的文章。開始，我的歷史教學及研究工作，重點是在明清史方面；後來研究興趣逐漸轉向於廣東史地。本書就是我近十年來對廣東史地研究的總結。

　　嶺南文化研究歷來就受學術界重視，研究成果豐碩。近年來，更是新人新論輩出。既是學術熱點，就難免會在學術探討過程中產生不同觀點，商榷和爭論都是正常現象。書中有些地方對別人的觀點提出了質疑或批評，但都純屬學術討論，我也歡迎同仁提出批評和建議。

　　今年恰好是恢復高考三十週年。回想三十年前，我正在一間鄉村

中學裏教書，以當時的情況，上大學和回城都是不切實際的奢望。誰曾料到碰上了好機遇，「四人幫」倒臺了，高考恢復了。1978 年，我考入了華南師範學院歷史系，得以受到正規的大學教育。在學期間，又得到中國古代史教研室關履權、魏俊超、余天熾、黃國強、杜紹順等恩師的提點，是他們指引我進入史學研究領域。

本書的寫作得到左鵬軍教授、宋德華教授的鼓勵和支持；嵇春霞編輯為本書的出版付出了辛勤勞動；我的學生黎宏韜也多有幫忙。在此一併致謝。還有一點須作說明，書中有關阮元與《廣東通志》編纂的內容，曾以單篇論文形式，與關漢華先生連署發表。

出書之際，我也特別懷念亡母黎佩英。她一生坎坷，飽嘗艱辛。她一直教育我，要勤奮讀書，做個好人。

顏廣文
2007 年 9 月 25 日記於天河五山

地域文化研究叢書·嶺南文化叢刊 A0203002

古代廣東史地考論　下冊

作　　　者	顏廣文
責任編輯	蔡雅如
發　行　人	陳滿銘
總　經　理	梁錦興
總　編　輯	陳滿銘
副總編輯	張晏瑞
編　輯　所	萬卷樓圖書股份有限公司
排　　　版	林曉敏
印　　　刷	百通科技股份有限公司
封面設計	菩薩蠻數位文化有限公司

出　　　版　昌明文化有限公司

桃園市龜山區中原街 32 號

電話　(02)23216565

發　　　行　萬卷樓圖書股份有限公司

臺北市羅斯福路二段 41 號 6 樓之 3

電話　(02)23216565

傳真　(02)23218698

電郵　SERVICE@WANJUAN.COM.TW

大陸經銷

廈門外圖臺灣書店有限公司

電郵　JKB188@188.COM

ISBN 978-986-496-011-8

2017 年 7 月初版

定價：新臺幣 220 元

如何購買本書：

1. 劃撥購書，請透過以下郵政劃撥帳號：

   帳號：15624015

   戶名：萬卷樓圖書股份有限公司

2. 轉帳購書，請透過以下帳戶

   合作金庫銀行　古亭分行

   戶名：萬卷樓圖書股份有限公司

   帳號：0877717092596

3. 網路購書，請透過萬卷樓網站

   網址　WWW.WANJUAN.COM.TW

大量購書，請直接聯繫我們，將有專人為您

服務。客服：(02)23216565 分機 10

如有缺頁、破損或裝訂錯誤，請寄回更換

國家圖書館出版品預行編目資料

古代廣東史地考論 ／ 顏廣文著.-- 初版.-- 桃
園市：昌明文化出版；臺北市：萬卷樓發
行, 2017.07　冊；　公分.--(地域文化研究叢
書. 嶺南文化叢刊)

ISBN 978-986-496-011-8(下冊：平裝)

1.歷史地理　2.廣東省

673.32　　　　　　　　　　106011188